Mujeres de Conciencia

Women of Conscience

Mujeres de Conciencia

Women of Conscience

- Victoria G. Alvarado -

Spanish translation by/Traducción al español por
Catherine y Alcides Rodríguez-Nieto
In Other Words...Inc., Berkeley, CA

Edited by Roberto Cabello-Argandoña and Kerri Krueger

Floricanto Press

Floricanto Press
650 Castro Street, Suite 120-331
Mountain View, California 94041-2055
www.floricantopress.com

Por nuestra cultura hablarán nuestros libros.
Our books shall speak for our culture.

All royalties from this book support college scholarships for students.

ISBN: 978-0-9796457-7-8

Book design by Leslie Firestone

This work is dedicated to the memory of my parents
Lucila Ramírez Alvarado and Jesús Alvarado

Este obra está dedicado a la memoria de mis padres
Lucila Ramírez de Alvarado y Jesús Alvarado

Appreciation is extended to the following for their support and assistance given to this book project, Mujeres de Conciencia/Women of Conscience, which became a California statewide community effort:

Alcides & Catherine Rodríguez-Nieto · Anamaría Loya · Andy Okumoto · Anna Meléndez · Anna/Delfino Alvarado · Arte Américas Museum · Arturo Herrera · Agustín Pradillo · Aurora's Flowers · Bargain Party Rentals · Betty & Carlos Galván · Belinda Guadarrama · Bob Sánchez · Carlos López · Casa Sánchez Restaurant · Consulado de México, Fresno, CA. · Consulado de México, San Francisco, CA. · Dale Jenssen · Daniel Rodríguez · Darwin Marable · Diana Lissette Hernández · Donaghy Sales, LLC · Edda Caraballo · Elizabeth Coonrod Martínez · Elizabeth Ponce · El Quetzal Restaurante · Eren Méndez · Eva Torres · Fiesta Foods · Francis Palacio · Frank Martin del Campo · Gloria & Víctor Argueta · Gómez Brothers Music Entertainment · Habanos Club · Ileana Gadea · Jane García · John Lee · John Lira · John Trasviña · Jonathan Chait · José Monterosa · Josie Reyes · Juan Arambula · Juan Fuentes · Julia's Mexican Restaurant · Julie Freestone · Karl Kramer · La Cocina Mexicana Restaurant · La Raza Centro Legal · Laura Sánchez League of Mexican American Women, Fresno, CA. · Lelenitas Cakes · Leslie Firestone · Lic. Martha Elvia Rosas · Lilia Aguilera · Los Jarritos Restaurant · Lucha Corpi · Luis Herrera · Lupita Lomeli · Manuel R. Merjil · Marcos Gutiérrez · María Eugenia Tamariz T. · María Gabriela Tamariz C. · María Martínez · Mariachi Azteca · Marlen Gati · Mary H. B. Rocha · Matilda Hicks · Merlinda Espinoza · Mindy Brizuela · Moisés Valencia · Monica Felix · Nancy Márquez · Nohemy Peccorini · Nicky Trasviña · Nopales Mexican Grill · Nora Wagner · Norma Martínez · Norman W. Saucedo · Oaxaca Restaurant · Ofelia Dimas · Pat Schwarz · Patricia Wells Solórzano · Pérez, Williams & Medina · Peter García · Ramón Parada · Ritz-Carlton Hotel · Roberto Pérez · Rocky Schnath & Partner · Santos Aguilar & Family · SEIU Local 535 · S.F. Carpenters Local Union No.22 · S.F. Labor Council for Latin American Advancement · S.F. State University Sigma Pi Alpha · Sharon Carlock · Shirley Savala Rubiolo · Silvia Molina · Sun Empire Goods · Suzie Dodd Thomas · Telemundo, Central Valley, CA. · Teresa Foster · Toledo's Mexican Restaurant · Tony Cedano · Univisión 21, Central Valley, CA. · Ysabel Durón

Mujeres de Conciencia/Women of Conscience

Corporate and Personal Donors

◈ Castellano Family Foundation ◈

◈ Dorothy Mock ◈

◈ Ford Motor Fund ◈

◈ Health Net of California ◈

◈ Union Bank of California ◈

Book Support Group Members

Ambassador Alfonso de María y Campos

Anne M. Cervantes

Gloria Flores-García

Josie Mena

Lia Margolis

Margaret Cruz

Nicky Trasviña

Olga Talamante

Ortensia López

Preface

For the first time, photographs and biographies have been gathered into a single publication honoring women of California whose Latin origin has set a significant precedent in the political and cultural life not only of their communities, but of the United States of North America. The group of women brought together here is astonishing because of the transcendence they have come to possess and because of the indelible imprint they will leave, not only for other generations of Latin immigrants in the United States but for Americans themselves, who will appreciate and admire the work of those of a Latin culture who have become part of their country in an extraordinary manner, making invaluable contributions in art and culture, health, social service, education, the media, the economy, community work, politics and law, and other fields of endeavor.

Why does the initiative Victoria G. Alvarado has taken in preparing this careful publication seem transcendental to me? Because her book will become a paradigm, an example or model to be followed, in an irrefutable demonstration that we Latinos have power, creativity, and the will to change our environment for our own good and the good of others, advancing the prosperity of our communities and our fellow men; because it is proof that changes can happen, that we Latinos can be influential leaders in a country distinguished by its multiculturalism because it was formed by immigrants, most of them from Europe.

Victoria G. Alvarado received the impetus and the example of her parents, who were of Mexican and Central American origin; they were activists in the labor union movement of San Francisco, and this imbued her with an awareness that it is possible to overcome problems and that positive changes can take place, that well-being is made possible through persistent, creative struggle.

I travelled to New York in 1995 to present one of my books for children, *Mi familia y la Bella Durmiente cien años después* (My Family and Sleeping Beauty a Hundred Years Later), at the invitation of the Cervantes Institute. At the end of the presentation, a teacher of Cuban origin came to speak with me. "I'm going to ask you to come to my school in the Bronx and talk to the Mexican children. They have low self-esteem." I confess that I was frightened and also amazed. "I'm not a psychologist," I told her. "What can I do for them?" "Come and tell them that you are Mexican, that your country is beautiful, that Mexican food is served in the best restaurants in the world, that a person can do something if they make up their minds to do it. Tell them that they have to get an education, that change is possible, that if they work hard they can eventually replace the conditions in which they live, that they can even change their parents' lives for the better." I owe a debt of gratitude to that teacher, who took me to her school to talk with her students; that was the origin of my book, *Así soy* (That's the way I am), a workbook for Mexican children in the United States, designed to convince them that speaking two languages enriches them, that knowing about two cultures gives them a head start.

With what curiosity and admiration I have read the biographies of all of these women! From their family experiences, each eventually shaped a successful life for herself and brought it to bear on her environment, conserving and respecting the language, traditions, and culture of her forebears while being enriched by the perfect assimilation of her "other half." This has made them good American citizens who also possess that other culture, which has produced all kinds of men and women notable in the worlds of art, economics, and politics.

This book is also a song of gratitude to all of these women, who have helped through their work and dedication to give a voice and a presence to other women and to their culture of origin. I am proud to see how they have fought for gender equality, and very pleased to participate somehow in this book. I would like to comment on the work of each one of these remarkable women and, because I cannot do so for reasons of space, I express to them in these lines my respect and admiration for having found their way upstream to distinction.

One last thought: The women who have excelled through their art, whether they be writers, painters, filmmakers, composers or journalists, have brought to their work their bicultural experience, of that we can be certain: from Isabel Allende to Lucha Corpi. Art is a language expressed by the soul; thus, these women are artists who have gathered our past and returned it to us enriched by their lived experience. And what would we have done without the other women who appear in this publication, who have had to undergo a test perhaps less rewarding, because of its difficulty, in areas of social, political, and economic endeavor? They may have had even more complex experiences, and the results of their work have benefited thousands of people, even though it may be impossible to "see," "read," or "enjoy" those benefits as a work of art. Without their arduous efforts in the daily struggle, through foundations, hospitals, clinics, government offices, law firms, and ministries for just causes, united on behalf of their

Latin brothers and sisters or the daily coexistence of all social groups, life in California and in the United States of North America would be more difficult and inequitable for minority groups.

To all of the women who appear in the book, congratulations; to the author and photographer, Victoria G. Alvarado, a very special ovation for her initiative. I am sure that all of the women, on seeing themselves gathered in this book, will understand that their power has been multiplied, that they have not been alone in the struggle, that their movements and the development of their professions have borne fruits of which they can be proud. They will know that today, together, they constitute a force worthy of esteem and difficult to withstand.

Silvia Molina

Director, National Center for Information and the Promotion of Literature, Mexico

- English translation by Catherine Rodríguez-Nieto

Introduction

Growing up with the knowledge that I was bicultural has always been close to my heart. All my life, I have experienced the richness, the constant energy of two perspectives within me, weaving and intertwining into one integrated self. Being a native Californian blessed with parents from Mexico and Central America, and ancestors from Alta California, I inherited a rich tapestry of values, sensibilities, and visions. In addition, my parents participated in the struggles of San Francisco's labor unions during the 1940's. Their experiences provided me with a clear and enduring sense of the value of community and the importance of activism on behalf of all communities. My parents lived their lives with conviction, and always believed that there is great power in persisting when the cause is just. They had faith in the principles of world harmony and well-being for all, and championed the rights of others with great determination. These were early lessons in my life.

Guided by my parents' values, I chose Social Science as my undergraduate major at the University of California, Berkeley. My graduate studies at California State, Hayward, were in Educational Psychology. With my newly acquired knowledge, I was able to recognize more accurately societal strengths and weaknesses, and I became professionally involved in social welfare. Over the years, in a variety of settings, I have worked in fields that specifically addressed issues of health, education, and economics in culturally diverse communities.

Mujeres de Conciencia/Women of Conscience profiles Latinas in California whose knowledge and efforts have affected the well-being of communities in need. They are representative of hundreds of thousands of Latin Americans who are engaged in similar work. Written for the general public, the book offers examples which validate the Latino culture in the United States from its own perspective. It is no coincidence that the Latin American women presented here are of multi-cultural descent. They mirror the rich and varied ethnic background of the populace of Latin America. Some are the great-great-granddaughters of Mexicans who populated California and the Southwest of the United States. Others have roots in Central and South America, and in the Caribbean. Many of these women forged their social conscience and values from personal and family experiences. The stories of their families, together with their own first-hand experiences, contributed to the persons they became. They possess intimate knowledge of the Latino culture, and see the need to preserve it for themselves and others, and for those to come. They pursue endeavors on behalf of disenfranchised communities within the larger society in order to enhance the quality of life for all, firm in the conviction that society as a whole gains when all of its members prosper. Through their efforts, the women profiled in this book, as well as many other activists, are creating paths toward in-depth dialogue about progressive change. As they share their stories, replete with conviction, joy, pride, love, and pain, they emerge as agents for social change.

Mujeres de Conciencia/Women of Conscience represents a broad spectrum of interests and vocations. These women are writers, artists, community activists, lawyers, health specialists, politicians, labor leaders, business entrepreneurs, cultural promoters, and community mobilizers. They reflect many societal structures. Their common denominator is their understanding, respect, and love for all communities; the impact of their collective work on the communities they serve; and the transcendence of their work for society as a whole. Truth and idealism hold pride of place in their motives for involvement. They look to themselves as well as to others to speak out for justice. Their biographies chronicle specific endeavors and reveal differences in style. The photographs strive to reveal something of the inner life of each. Although some of these Latinas have moved on to other positions of importance and to new responsibilities, their convictions and hearts have remained dedicated to community improvement. *Mujeres de Conciencia/Women of Conscience* is a collection of dreams, realities, and aspirations. It is a record of "people power," presented to celebrate success fueled by intelligence, tenacity, talent, and a commitment to the preservation of human values. While the advocacy presented here focuses on minority issues in the United States, it is important to observe that these women are carrying out an equally strong advocacy with regard to world-wide societal issues. Their belief in the possibility of effecting positive change recognizes no borders. Their separate visions ultimately flow into and interconnect with one another. The purpose of this book is to celebrate their transformative power.

In creating it, I have been guided by a sense of personal responsibility as a Latina/Chicana American. "What is my personal role in disseminating truth?" "How should I apply my principles?" "What can I do to correct misconceptions?" These are the questions that prompted my journey. In *Mujeres de Conciencia/Women of Conscience*, I have attempted to present a cross section of American women of Latin descent whose lives and work have been a powerful force for societal change in the United States and in the world. I realize there are many others not included here who have also worked selflessly to make positive changes in the world. I hope this book will inspire other authors to continue the task undertaken here, to offer them the recognition they merit.

I want to express my gratitude to my husband, John Spence Weir; to my son, Juan Weir; to Roberto Cabello of Floricanto Press; and to the many friends and organizations who have given me so much encouragement, guidance, and support for this project.

Victoria G. Alvarado
Photographer/Author
Oakland, California

"You must be the change you wish to see in the world."
Mohandas K. Gandhi

Prefacio

Por primera vez se reúnen en una publicación fotografías y biografías de las mujeres de California cuyo origen latino ha llegado a sentar un precedente significativo en la vida política y cultural no sólo de sus comunidades sino de los Estados Unidos de Norteamérica. El conjunto de mujeres aquí congregado resulta sorprendente por la trascendencia que ha llegado a tener, y por la imborrable huella que dejará no sólo para otras generaciones de emigrantes latinos en los Estados Unidos sino para los propios estadounidenses que habrán de apreciar y admirar el trabajo de quienes proviniendo de una cultura latina se han integrado de forma extraordinaria a su país haciendo aportaciones invaluables en el arte y la cultura, la salud, el servicio social, la educación, los medios de comunicación, la economía, el trabajo comunitario, la política y las leyes, entre otros ámbitos.

¿Por qué me parece trascendental la iniciativa que ha tenido Victoria G. Alvarado al preparar esta cuidadosa publicación? Porque su libro se va a convertir en un paradigma, en un ejemplo o modelo a seguir, en una demostración irrefutable de que los latinos tenemos fuerza, creatividad y voluntad para cambiar nuestro entorno para bien propio y de los demás, para la prosperidad de nuestras comunidades y nuestros semejantes; porque es una muestra de que los cambios pueden darse, de que los latinos podemos ser líderes de peso en un país que se destaca por su multiculturalismo por haberse formado de inmigrantes que llegaron en su mayoría de Europa.

Victoria G. Alvarado recibió el empuje y el ejemplo de sus padres de origen mexicano y centroamericano; ellos fueron activistas del movimiento sindical de San Francisco, lo que la formó en la conciencia de que la superación y los cambios positivos pueden darse, de que el bienestar es posible si se lucha por él en forma persistente y creativa.

Cuando en 1995 hice un viaje a Nueva York para presentar uno de mis libros para niños: Mi familia y la Bella Durmiente cien años después, invitada por el Instituto Cervantes, al término de la presentación, una profesora de origen cubano se me acercó: "Le pido que venga a mi escuela, en el Bronx, y hable con los niños mexicanos. Tienen muy baja su autoestima". Confieso que me asusté y también que me asombré. "No soy psicóloga", le dije. "¿Qué puedo hacer por ellos?" "Venga y dígales que es mexicana, que su país es hermoso, que su comida se sirve en los mejores restaurantes del mundo, que uno puede llegar a hacer algo si se lo propone. Dígales que hay que prepararse, que los cambios son posibles, que con empeño pueden llegar a reemplazar las condiciones que viven, que ellos pueden, incluso cambiar favorablemente la vida de sus padres". Le debo a aquella maestra que me llevó a su escuela a conversar con sus alumnos, el origen de mi libro Así soy, un cuaderno de trabajo para los niños mexicanos en los Estados Unidos, que tiene el propósito de convencerlos de que hablar dos idiomas los enriquece, de que conocer dos culturas los pone en la delantera.

Con cuánta curiosidad y admiración he leído las biografías de todas estas mujeres que a partir de sus experiencias familiares llegaron a forjarse una vida exitosa, y a reflejarla en su entorno, conservando y respetando el idioma, las tradiciones y la cultura de sus antepasados, enriquecidas con la perfecta asimilación de su "otra parte", la que las hace ser ciudadanas estadounidenses de bien, poseedoras de esa otra cultura que ha tenido toda clase de hombres y mujeres notables en el ámbito artístico, económico y político.

Este libro es también un canto de agradecimiento a todas estas mujeres que han contribuido con su trabajo y dedicación a darle voz y presencia tanto a otras mujeres como a la cultura de la cual provienen. Me siento orgullosa de ver cómo han luchado por la igualdad de género, y muy halagada de participar de alguna manera en este libro. Quisiera destacar el trabajo de cada una de estas singulares mujeres, y aunque por razones de espacio no puedo hacerlo, les declaro en estas líneas mi respeto y la admiración que les profeso por abrirse camino contra la corriente y por sobresalir por su excelencia.

Y una última reflexión: Las mujeres que han destacado por su arte, sean escritoras, pintoras, realizadoras de cine, compositoras o periodistas, han aportado a su trabajo su experiencia bicultural, no cabe duda; desde Isabel Allende hasta Lucha Corpi. El arte es un lenguaje que se expresa con el alma; y por lo tanto en ellas tenemos a artistas que han recogido nuestro pasado y nos lo han devuelto enriquecido con sus vivencias. ¿Y qué hubiéramos hecho sin las otras mujeres que aparecen en esta publicación, y que han tenido que pasar por una competencia quizá más ingrata, por dura, en los campos social, político y económico? Han vivido experiencias quizá más complejas todavía, y los resultados de su trabajo han beneficiado a miles de gentes aunque los beneficios no puedan "verse", "leerse", "disfrutarse" como una obra de arte. Sin su arduo trabajo en la lucha diaria, tras las fundaciones, los hospitales, las clínicas, las oficinas de Gobierno, los bufetes y los ministerios, peleando por causas justas y solidarias para sus hermanos latinos o para la convivencia diaria de todos los grupos sociales, la vida en California y en los Estados Unidos de Norteamérica sería más difícil e injusta para los grupos minoritarios.

A todas las mujeres que aparecen en el libro, felicidades; a la autora y fotógrafa, Victoria G. Alvarado, un aplauso muy especial por la iniciativa. Estoy segura que todas ellas, al verse reunidas en este libro, verán que su fuerza se ha multiplicado, que no han combatido solas, que sus movimientos y el desarrollo de sus profesiones han dado frutos de los que pueden enorgullecerse. Sabrán que hoy en día, juntas, son una fuerza a la que será difícil oponerse y no admirar.

Silvia Molina
Directora del Centro Nacional de Información y Promoción de la Literatura
México DF, México

Introducción

Crecer sabiendo que yo era bicultural ha sido siempre de gran importancia para mí. Durante toda mi vida, he vivido la riqueza y la energía constante de dos perspectivas que se entrelazaban en mí, integrando mi ser. Siendo originaria de California, y habiendo recibido la bendición de tener padres de México y de la América Central, heredé un rico tapiz de valores, sensibilidades y anhelos. Además, mis padres participaron en las luchas sindicales de San Francisco durante la década de 1940. Sus experiencias me dieron una percepción clara e imperecedera del valor de la comunidad y de la importancia del activismo en favor de todas las comunidades. Mis padres fueron siempre fieles a sus convicciones y siempre creyeron en el poder enorme de la persistencia cuando la causa por la que se lucha es justa. Tuvieron fe en los principios de la armonía mundial y en el bienestar para todos, y abogaron con gran determinación por los derechos de otros. Éstas fueron lecciones que aprendí en los albores de mi vida.

Guiada por los valores de mis padres, escogí las Ciencias Sociales como mi área de especialización en la Universidad de California en Berkeley. Hice estudios de postgrado en Psicología Educativa, en California State, Hayward. Con mis nuevos conocimientos, pude reconocer con mayor precisión los puntos fuertes y débiles de la sociedad y me dediqué profesionalmente a participar en obras de bienestar social. Con el correr de los años, y en una variedad de ambientes, he trabajado en campos específicamente relacionados con asuntos de la salud, la educación y la economía en comunidades culturalmente diversas.

Mujeres de Conciencia/Women of Conscience es una reseña de mujeres latinas en California cuyos conocimientos y esfuerzos han afectado el bienestar de comunidades necesitadas. Estas mujeres son representativas de cientos de miles de latinoamericanos activos en una labor similar. Escrito para el público en general, este libro ofrece ejemplos que convalidan la cultura latina en los Estados Unidos desde su propia perspectiva. No es fortuito que las mujeres latinoamericanas presentadas en él sean de ascendencia multicultural. Ellas son un reflejo de la riqueza y variedad histórica de los pueblos latinoamericanos. Algunas son las tataranietas de los pobladores mexicanos de California y del Sureste de los Estados Unidos. Otras tienen sus raíces en la América Central y del Sur, y en la región del Caribe. Muchas de estas mujeres fraguaron su conciencia y sus valores sociales con sus experiencias personales y las de sus familias. Las historias de sus familias, junto con sus vivencias directas, contribuyeron a la formación de su identidad. Ellas poseen un conocimiento íntimo de la cultura latina y comprenden la necesidad de preservarla tanto en beneficio propio como en beneficio de otros y de generaciones futuras. Ellas emprenden sus esfuerzos en nombre de grupos carentes de representación dentro del marco de la comunidad en general, con el fin de mejorar la calidad de vida para todos, convencidas de que la sociedad en general avanza cuando todos sus miembros prosperan. Por medio de sus esfuerzos, las mujeres incluidas en este libro, al igual que muchas otras activistas, están abriendo senderos hacia un diálogo profundo para lograr cambios progresistas. Al compartir sus historias llenas de convicción, alegría, orgullo, amor y dolor, ellas emergen como agentes de cambio social.

Mujeres de Conciencia/Women of Conscience representa un amplio espectro de intereses y vocaciones. Estas mujeres son escritoras, artistas, activistas comunitarias, abogadas, especialistas en asuntos de salud, políticas, líderes laborales, empresarias, promotoras de cultura y movilizadoras de comunidades. Ellas reflejan muchas estructuras sociales. El denominador común entre ellas es su comprensión, respeto y amor de todas las comunidades; el impacto de su obra colectiva en las comunidades beneficiadas; y la trascendencia de su obra para la sociedad en general. La verdad y el idealismo ocupan el primer lugar en su motivación. Ellas hablan en defensa de la justicia y animan a otros a que hagan lo mismo. Sus biografías describen obras específicas y una diversidad de estilos. Las fotografías tratan de revelar algo de la vida interior de cada una. Aunque algunas de estas latinas han asumido otros cargos importantes y responsabilidades nuevas, sus convicciones y sus corazones continúan dedicados a mejorar las comunidades. *Mujeres de Conciencia/Women of Conscience* es una recopilación de sueños, realidades y aspiraciones. Es un testimonio del "poder del pueblo", presentado para celebrar el éxito impulsado por la inteligencia, la tenacidad, el talento y la dedicación para preservar los valores humanos en nuestra sociedad. Aunque las luchas presentadas aquí enfocan la problemática de las minorías en los Estados Unidos, es importante observar que estas mujeres luchan con igual tenacidad para resolver problemas sociales alrededor del mundo. Su creencia en la posibilidad de efectuar avances sociales no reconoce fronteras nacionales. En último análisis, sus visiones individuales fluyen y se conectan entre sí. Este libro tiene como propósito celebrar su poder transformador.

Al crearlo, he procedido guiada por un sentido de mi responsabilidad como mujer latina, chicana y americana. "¿Cuál es mi rol personal en la diseminación de la verdad?" "¿Cómo debo aplicar mis principios?" "¿Qué puedo hacer para corregir conceptos erróneos?" Éstas fueron las preguntas que me impulsaron en mi viaje. He tratado de recoger en *Mujeres de Conciencia/Women of Conscience* una muestra representativa de mujeres de ascendencia latina cuya vida y obra han constituido un poderoso factor de cambio en los Estados Unidos y en el mundo. Me doy cuenta de que hay muchas otras, no incluidas aquí, que también han trabajado con abnegación para efectuar cambios positivos en el mundo. Espero que *Mujeres de Conciencia/Women of Conscience* inspire a otros autores a continuar la tarea emprendida aquí, para darles a ellas también el reconocimiento que se merecen.

Quiero expresar mi agradecimiento a mi esposo, John Spence Weir; a mi hijo, Juan Weir; a Roberto Cabello de la casa editora Floricanto Press; y a las numerosas amistades y organizaciones que me animaron, guiaron y apoyaron para convertir en realidad esta obra.

Victoria G. Alvarado
Auturo/Fotógrafa
Oakland, California

"Tú debes ser el cambio que deseas ver en el mundo".
Mohandas K. Gandhi

TABLE OF CONTENTS

Photographs

Fotografías

Ester Hernández (*p. 112*)

Elizabeth (Betita) Martínez (*p. 141*)

Inés Hernández-Ávila (*p. 114*)

Mónica Lozano (*p. 130*)

Gabriela Castelán (*p. 86*)

Frances Morales (*p. 148*)

Sylvia Morales (*p. 150*)

Teresa Sánchez-Gordon (*p. 164*)

Lorraine García-Nakata (*p. 104*)

Isabel Allende (*p. 76*)

Renée María Saucedo (*p. 166*)

Claudia Smith (*p. 168*)

María del Pilar Marrero (*p. 138*)

Claudia Smith (*p. 168*)

María del Pilar Marrero (*p. 138*)

Rosamaría Márquez (*p. 137*)

Rodri J. Rodríguez (*p. 159*)

Gloria Flores-García (*p. 99*)

Dolores Huerta (*p. 119*)

Yolanda López (*p. 127*)

Teresa Foster (*p. 101*)

DIANE G. MEDINA (*p. 143*)

Lucille Roybal-Allard (*p. 161*)

Josie Mena (*p. 145*)

Aliza A. Lifshitz (*p. 123*)

Lía Margolis (*p. 135*)

Guadalupe Fierro (p. 98)

Judith Francisca Baca (*p. 82*)

Hilda Solís (*p. 170*)

IRMA LUNA (*p. 131*)

Eva Torres (*p. 175*)

Jane García (*p. 102*)

Lucha Corpi (*p. 90*)

Marine Domínguez Margot Segura
Hispanic Education & Media Group (p. 117)

Gloria Sotelo (*p. 171*)

Juana Gutiérrez (*p. 107*)

Arabella Martínez (*p. 140*)

Diana Nancy Acosta De León (*p. 95*)

Cristina R. Vásquez (*p. 178*)

Antonia Hernández (*p. 110*)

Patricia Wells Solórzano (*p. 179*)

Antonia Darder (p. 95)

María Andrade de Ochoa (*p. 78*)

Maritza Mendizábal (*p. 146*)

Ortensia López (*p. 125*)

Vibiana M. Andrade (*p. 80*)

Margaret Cruz (p. 92)

Marisa Gutiérrez (*p. 109*)

Minnie López Baffo (p. 83)

Edda Caraballo (*p. 85*)

Josie Luna Violeta Contreras Lucina Rodríguez Fabiola Trujillo
Los Cenzontles (*p. 128*)

Lilia Aguilera (*p. 71*)

Nellie Tujillo (*p. 176*)

MARY HELEN BARAJAS ROCHA (*p. 156*)

Olga C. Talamante (*p. 173*)

Carmen Castellano (*p. 88*)

Matilde Hicks (*p. 116*)

Belinda Guadarrama (*p. 106*)

Sarah Reyes (*p. 155*)

Terry E. Alderete (*p. 73*)

Elba Rosario Sánchez (*p. 163*)

Carmencristina Moreno (*p. 151*)

Elsa E. Macías (*p. 133*)

Juana Alicia (*p. 75*)

Wilma Bonet Dena Martínez Tessa Koning-Martínez
Latina Theatre Lab (*p. 122*)

Alma Flor Ada (*p. 70*)

Diane Rodríguez (*p. 158*)

Elsa Quiroz-Downs (*p. 153*)

Biographies

Biografías

p. 65

Alma Flor Ada

Writer/Escritora

Alma Flor Ada, born in Camagüey, Cuba, is a renowned author, translator, scholar, educator, storyteller, and advocate for bilingual and multicultural education. She has been the recipient of many awards, including the University of San Francisco Outstanding Teacher Award, the California Parent Teacher Association Yearly Award, and the Pura Belpré Award, which honors Latino writers and illustrators whose work best portrays, affirms and celebrates the Latino cultural experience in children's books. She continues to write children's books, and to edit textbooks, other educational materials, and magazine articles. She has served as Editor-in-Chief of the Journal of the National Association of Bilingual Education.

After completing her master's and doctoral degrees at Pontificia Universidad Católica del Perú and serving as instructor and Head of the Spanish Department at Colegio Alexander Von Humboldt in Lima, Alma Flor moved to the United States. At Emory University in Atlanta, GA, she was an Associate Professor of Romance languages. In Detroit, she was a Professor of Language and Co-Director of the Institute for Bilingual Bicultural Services at Mercy College.

In 1976, Alma Flor Ada moved to California to accept a position with the University of San Francisco, where she became a Professor of Education and the Director of Doctoral Studies. In addition, she has been a Fulbright scholar; has served as a board member for the Spanish version of Sesame Street, a children's television program; has worked as a publishing house consultant; and has chaired numerous seminars and conferences on bilingual educational policy. Her many activities include being a founding member and President of the International Association for Children's Literature in Spanish and Portuguese.

Even as a child, Alma Flor Ada questioned issues of justice, freedom, and respect for all living beings. Her concerns about discrimination, poverty, and social justice were rooted in her early development. In her secure and loving family, she was encouraged to read and engage in dialogue from a very early age, and her grandmother taught her storytelling. As a result of her upbringing, Alma Flor developed a capacity for analyzing the experiences of others as well as her own, and to appreciate and understand all living things. "I have made a firm commitment to devote my life to helping children expand their thinking, encouraging them to relate to the life that surrounds them and respect it, and instilling in them an appreciation for bilingualism." The sense of joy readers discover in Alma Flor Ada's children's books arises, she feels, from the joy afforded her by her family.

> *"My grandmother and an uncle were great storytellers...today I continue to enjoy retelling the old tales I loved so much as a child, seeing them published in two languages (Spanish and English), and giving children here in the United States the opportunity to get to know some of the most beautiful traditional stories in the Spanish language."*

Alma Flor Ada, nacida en la Provincia de Camagüey en la República de Cuba, es una prestigiosa autora, traductora, académica, educadora, cuentista y defensora de la educación bilingüe y multicultural. Ha recibido numerosas distinciones, entre ellas, el Premio como Educadora Distinguida de la Universidad de San Francisco en California, el Premio Anual de la Asociación de Maestros y Padres de California, y el Premio Pura Belpré, el cual honra a escritores e ilustradores latinoamericanos cuyas obras mejor representan, afirman y celebran la experiencia cultural latina en la literatura infantil. Ella continúa escribiendo libros para niños, y editando textos escolares, otros materiales educativos y artículos de revista. Alma ha ejercido el cargo de Editora Jefe de la publicación titulada *The Journal of the National Association of Bilingual Education.*

Después de completar su maestría y su grado doctoral en la Pontificia Universidad Católica del Perú, y de enseñar español y encabezar el Departamento de Español en el Colegio Alexander Von Humboldt en Lima, Alma Flor se trasladó a los Estados Unidos. En la Universidad Emory, ubicada en la ciudad de Atlanta, Georgia, fue nombrada Profesora Asociada de Lenguas Romances. En Detroit, ejerció como Profesora de Idiomas y Co-Directora del Instituto de Servicios Bilingües y Biculturales de Mercy College.

En 1976, Alma Flor Ada se trasladó a California para aceptar un cargo académico en la Universidad de San Francisco, donde fue nombrada Profesora de Educación y Directora de Estudios Doctorales. Además, fue becaria de la Fulbright; ha sido miembro de la junta asesora de la versión en español de *Sesame Street,* un programa para niños; ha trabajado como consultora de casas editoras; y ha dirigido numerosos seminarios y conferencias sobre políticas educativas relacionadas con la educación bilingüe. Sus numerosas actividades incluyen servicios como fundadora y Presidenta de la Asociación Internacional de Literatura Infantil en Español y Portugués.

Desde su infancia, Alma Flor Ada se inquietó por asuntos relacionados con la justicia, la libertad y el respeto hacia todos los seres vivientes. Su preocupación por la discriminación, la pobreza y la justicia social encontraron sus raíces en las etapas iniciales de su vida. En el entorno de seguridad y amor de su familia, se fomentó su amor por la lectura y el diálogo desde una edad muy temprana, y de su abuela, la niña aprendió el arte de contar cuentos. Como resultado de su crianza, Alma Flor desarrolló una capacidad para analizar tanto las experiencias de otras personas como las suyas propias, y para comprender y apreciar todo lo relacionado con la vida. "Me he comprometido firmemente a dedicar mi vida a ayudar a los niños a ampliar su capacidad para pensar, animarlos a relacionarse con la vida que los rodea y respetarla, e impartirles un aprecio por el bilingüismo". La alegría que descubrimos en los libros infantiles de Alma Flor Ada se deriva, en su opinión, de la alegría que ella recibió en el seno de su familia.

> *"Mi abuela y mi tío fueron grandes narradores de cuentos...hoy día, sigo disfrutando al volver a contar los cuentos que tanto amé durante mi niñez, viéndolos aparecer en dos idiomas (español e inglés) y ofreciendo a los niños aquí en los Estados Unidos la oportunidad de conocer algunas de las más hermosas narraciones tradicionales del idioma español".*

p. 51

Lilia Aguilera

Promoter of Binational Perspective/Promotora de una Perspectiva Binacional

Lilia Aguilera's binational perspective was rooted largely in her personal experiences. She was born in Sonora, Mexico, which borders the state of Arizona in the United States. At the age of seven, Lilia and her family migrated to Mexico City. Later her university studies were centered on sociology and public administration. Her studies in both of these fields prepared her for carrying out her future work and, above all, her life's passion: the promotion of Mexican culture.

A few years after graduating from the Universidad Autónoma Metropolitana in Mexico city, Lilia traveled to San Francisco, California, where she was invited to collaborate in the founding of the Mexican Cultural Center of San Francisco, and later became its Executive Director. Her mission was to build and strengthen ties between Latin American immigrant communities in northern California through cultural, educational, sports, and health programs. Lilia not only celebrated a community's achievements, she also worked to solve its most serious problems. She personally contacted the moral, political, and/or social leaders of each community, and invited them to participate in what the Mexican Government calls the Program for Mexican Communities Abroad. She invited these leaders to join the board of directors of the program and to participate in promoting a better understanding in the U.S. of Mexico's cultural heritage. Concerned about the needs of many U.S. residents of Mexican descent, Lilia established social programs in community centers, schools, libraries, and non-governmental organizations. These programs included support for basic education and literacy for adults, illness prevention, sports, and bi-cultural immersion.

Sponsored by the Mexican Consulate, the Program for Mexican Communities in the United States reflects one aspect of Mexico's foreign policy, which is directed at improving and increasing the ties of unity between Mexico and the U.S. Many of these ties are strengthened through activities Lilia Aguilera organized to integrate Latino communities through concerts, conferences, art exhibits, sports events, and business delegations. She also promoted educational and cultural exchanges, and helped established libraries with books in Spanish. Lilia Aguilera worked tirelessly to further a mutual appreciation of art and culture in Mexico and the U.S. Her role at the forefront of the Program for Mexican Communities in the United States was essential for the birth of a new era of cordiality among Mexicans, Mexican-Americans, Chicanos, and all those who consider themselves friends of Mexico and the United States.

Since her return to Mexico, Lilia Aguilera has continued her efforts to promote the appreciation of different cultures through knowledge and understanding, in her capacity as Sub-Director of Editorial Promotion at the National Institute of Anthropology and History, which is dedicated to preserving Mexico's cultural heritage. Her permanent commitment to increasing mutual respect and appreciation between Mexico and the United States is demonstrated by her ongoing efforts. She personifies the spirit of good will which is essential in the search for solutions to common problems and in the achievement of common goals. Lilia Aguilera is presently writing a book which explores the challenges faced by Mexican immigrants living in the United States and the value of being part of a bicultural community.

La perspectiva binacional de Lilia Aguilera encontró sus raíces primordialmente en sus propias experiencias personales. Lilia nació en el Estado de Sonora, en la República de México, el cual colinda con el Estado de Arizona en los Estados Unidos. Después de cumplir sus siete años, Lilia emigró con su familia al Distrito Federal. Sus estudios universitarios se concentraron en las carreras de sociología y administración pública. Ambas carreras la equiparon para su obra futura y, sobre todo, para la pasión de su vida: el fomento de la cultura mexicana.

Pocos años después de completar sus estudios en la Universidad Autónoma Metropolitana en el Distrito Federal, Lilia viajó a la ciudad de San Francisco en California, donde fue invitada a colaborar en la fundación del Centro Cultural Mexicano de San Francisco, en el cual ocupó posteriormente el cargo de Directora Ejecutiva. El enfoque de su misión fue desarrollar y fortalecer lazos entre las comunidades de inmigrantes latinoamericanos en el Norte de California a través de programas culturales, educativos, deportivos y de salud. La labor de Lilia no se limitó únicamente a celebrar los logros de una comunidad; ella se esforzaba también por buscar soluciones a sus problemas más graves. Se comunicaba personalmente con los líderes morales, políticos y/o sociales de cada comunidad y los invitaba a participar en lo que las autoridades del gobierno de México denominaron el Programa para las Comunidades Mexicanas en el Extranjero. Lilia invitaba a estos líderes a ingresar a la junta directiva de este programa y a participar en la promoción de un mejor entendimiento en los Estados Unidos acerca de la herencia cultural de México. Preocupada por las necesidades de muchos residentes de ascendencia mexicana en los Estados Unidos, Lilia estableció programas sociales en centros comunitarios, escuelas, bibliotecas y organizaciones no gubernamentales. Estos programas incluían apoyo para la educación básica y el alfabetismo de personas adultas, la prevención de enfermedades, actividades deportivas y la inmersión bicultural de los participantes.

Bajo el patrocinio del Consulado de México, el Programa para las Comunidades Mexicanas en los Estados Unidos refleja un aspecto de la política exterior de la República Mexicana, orientada a mejorar y fortalecer los vínculos entre México y los Estados Unidos. Muchos de estos vínculos se nutren a través de actividades organizadas por Lilia Aguilera para integrar a las comunidades latinas por medio de conciertos, conferencias, exposiciones de arte, eventos deportivos y delegaciones comerciales. Ella fomentó también intercambios educativos y culturales, y ha ayudado a establecer bibliotecas con libros en español. Lilia Aguilera trabajó con denuedo para hacer avanzar el aprecio mutuo del arte y la cultura en México y en los Estados Unidos. Su actuación a la vanguardia del Programa para las Comunidades Mexicanas en los Estados Unidos fue esencial para la creación de una nueva era de cordialidad entre mexicanos, mexicanos-americanos, chicanos y todas aquellas personas que se consideran amigas de México y de los Estados Unidos.

Desde su regreso a México, Lilia Aguilera ha continuado sus esfuerzos por fomentar el aprecio de diferentes culturas por medio del conocimiento y la comprensión, como Sub-Directora de Promoción Editorial del Insituto Nacional de Antropología e Historia, entidad dedicada a preservar la herencia cultural mexicana. Su compromiso permanente a incrementar el respeto y el aprecio mutuo entre México y los Estados Unidos se demuestra en la continuación de sus esfuerzos. Ella personifica el espíritu de buena voluntad que es esencial en la búsqueda de soluciones a problemas comunes y en el logro de objetivos comunes. En la actualidad, Lilia Aguilera redacta una obra en la que explora los desafíos que confrontan inmigrantes mexicanos que viven en los Estados Unidos y el valor de formar parte de una comunidad bicultural.

p. 59

Terry E. Alderete

Community Events Promoter/Promotora de Eventos Comunitarios

Terry E. Alderete was born in San Jose, California, to parents who were farmers in nearby Newark, California. Her father died when Terry was four years old. Her mother continued to work the small family strawberry farm, along with Alderete's older brother and aunt. When it became impossible to maintain the farm, the family sold it and began to work for other farmers. This was hard work, but Alderete is thankful to have experienced it because it enabled her to apply her capacity for work to her schooling. She graduated first in her class at Newark High School in 1963, and later attended San Jose State University.

It was during the middle 1990's, in her position as a Corporate Manager for Pacific Bell Telephone Company, when Alderete saw the need to partner with the Latino and Asian communities in California to develop the first marketing plan on their behalf within Pacific Bell. She implemented plans which led to the creation of the Centro Hispano de Pacific Bell and of the Korean, Chinese and Vietnamese Service Centers, to help promote corporate understanding of the contribution of ethnic groups to the success of the company. In recognition of her foresight, Pacific Bell bestowed on her the Customer Service VP Award for Excellence in Marketing. Terry Alderete's many affiliations reflect her continuing passion for increasing recognition of the role played by ethnic communities in the American economy, and the value of collaborative efforts for community advancements. She served as Executive Director, Vice President, South County (2002-2005), of the Hispanic Chamber of Commerce in Alameda County, and is currently its President. She has also participated in the Newark Business Education Roundtable (1997-present); in the Hispanic Community Affairs Council, as Advisory Board Member (2001-2003); and in the National Association of Latino Elected and Appointed Officials (NALEO) County Leadership Training Committee (2002). She served as a member of Public Information Officer Selection Panels for the City of Oakland, the Port of Oakland, the Alameda County Office of Education, and EBMUD; and has been active in the California Statewide Latino Youth Leadership Program. Terry is a co-founder of the Camino Nuevo Mentor Project in Newark, California, which helps Latino students prepare for college entry. As Chief of Operations and Public Information Officer of the Spanish Speaking Unity Council in Oakland (1998-2004), Terry helped launch strategic planning for the community in the Fruitvale district of Oakland. In addition, her firm, Alderete Business Visions, an outreach and events management consulting business, implements the annual City of Oakland *Cinco de Mayo and Día de Los Muertos* events.

Terry Alderete is the recipient of many awards for her efforts. A partial list of recent awards includes: Telemundo KSTS Business Salute Award (2005); Business Service Award (2006); Indo-American Charity Foundation Unity Volunteer Award (2005); Congressional Leadership Award, from Congressmember Barbara

Lee (2004); Latina Business Leader Award, from the San Jose Hispanic Chamber of Commerce (2004); Hispanic Heritage Hero Award from the Oakland Raiders; and Woman of the Year Award, from Senator Liz Figueroa.

Terry Alderete's expertise and her years of working for community advancement, enable her to continue surmounting challenges, and to serve as an inspiration and a model for young Latinos.

Terry E. Alderete nació en la ciudad de San José, en el estado de California. Sus padres eran agricultores en la ciudad vecina de Newark. Cuando Terry tenía cuatro años de edad, su padre falleció. Su madre continuó trabajando la pequeña granja de fresas, junto con el hermano mayor de Terry y una tía. Cuando ya no pudieron continuar manteniendo la operación de su granja, la familia la vendió y comenzó a trabajar al servicio de otros agricultores. El trabajo era duro, pero Terry se siente agradecida de haber vivido esta experiencia porque pudo después aplicar su capacidad para el trabajo en su propia formación escolar. Terry se graduó con el primer puesto de Newark High School en 1963 e ingresó más tarde a San Jose State University.

Fue a mediados de la década de 1990, en su cargo como Gerente Corporativa de Pacific Bell Telephone Company, que Terry se percató de la necesidad de colaborar con las comunidades latinas y asiáticas en California para desarrollar el primer plan de mercadotecnia en beneficio de estas comunidades dentro de la organización de Pacific Bell. Ella puso en marcha planes que dieron origen al Centro Hispano de Pacific Bell y de los Centros de Servicio coreano, chino y vietnamita, con el fin de fomentar una mejor comprensión corporativa de la contribución de los grupos étnicos al éxito comercial de su empresa. En reconocimiento de su visión, Pacific Bell confirió a Terry Alderete el *Customer Service VP Award for Excellence in Marketing.* La asociación de Terry con numerosas organizaciones refleja su apasionamiento continuo por fomentar un mayor reconocimiento del papel hecho por las comunidades étnicas en la economía de los Estados Unidos y del valor de los esfuerzos colaborativos en las mejoras comunitarias. Terry ocupó el cargo de Directora Ejecutiva, Vice Presidenta, South County (2002 a 2005), de la Cámara de Comercio Hispana en el Condado de Alameda, y es actualmente su Presidenta. También ha participado en la Newark Business Education Roundtable (desde 1997 hasta el presente); en la Junta Asesora del Hispanic Community Affairs Council (2001 a 2003); y en el Comité de Capacitación para el Liderazgo en los Condados de la National Association of Latino Elected and Appointed Officials (NALEO). Ha prestado sus servicios como miembro de los Public Information Officer Selection Panels de la ciudad de Oakland, del Puerto de Oakland, de la Oficina de Educación del Condado de Alameda y de la Empresa de Abastecimiento y Tratamiento de Aguas en el Este de la Bahía de San Francisco (EBMUD). Terry ha participado también en el programa estatal de California para la formación de líderes jóvenes y es co-fundadora del Camino Nuevo Mentor Project en la ciudad de Newark, California, cuyo propósito es ayudar a estudiantes latinos a prepararse para su ingreso a instituciones de educación superior. En su calidad de Jefa de Operaciones y Oficial de Información Pública del Spanish Speaking Unity Council en Oakland (1998 a 2004), Terry ayudó a inaugurar la planificación estratégica comunitaria en el distrito de Fruitvale en la ciudad de Oakland. Además, su firma, Alderete Business Visions, una empresa dedicada a consultoría en relaciones públicas y en la administración de eventos cívicos, organiza festividades como la celebración anual del Cinco de Mayo y del Día de los Muertos, bajo el patrocinio de la Municipalidad de Oakland.

Terry Alderete ha recibido numerosas distinciones por sus esfuerzos. Una lista parcial incluye las siguientes: *Telemundo KSTS Business Salute Award (2005); Business Service Award (2006); Indo-American Charity Foundation Unity Volunteer Award (2005); Congressional Leadership Award*, otorgada por la Congresista Barbara Lee (2004); *Latina Business Leader Award*, de la Cámara de Comercio Hispana de San Jose (2004); *Hispanic Heritage Hero Award* recibida de los Oakland Raiders; y *Woman of the Year Award*, distinción recibida de la Senadora Liz Figueroa.

Los conocimientos de Terry Alderete y los años que ha dedicado al desarrollo comunitario le han permitido continuar superando desafíos y convertirse en inspiración y modelo para la juventud latina.

p. 63

Juana Alicia

Muralist and Educator/Muralista y Educadora

A member of the school of Mexican muralists of the mid-twentieth century, Juana Alicia has chosen public works and murals as the vehicle for transmitting to others her deepest concerns and values. The facets of her life as a mother, community activist, and Chicana artist all reflect her vision for humankind. Her murals, a graphic representation of this vision, leave viewers with a rekindled hope for humanity.

Juana Alicia's initial schooling prepared her to be a teacher. She obtained her Bachelor of Arts degree in Teaching Aesthetic Awareness from a cultural perspective and earned a credential in Art Education from the University of California at Santa Cruz. She currently teaches at Stanford University. Her artistic talent and training as a muralist prepared her to teach as a storyteller using graphics. Her paintings have been exhibited widely throughout the United States and Mexico in solo and group shows.

Juana Alicia uses her paintings and murals to reach out to communities with messages of empowerment and self-discovery. To give an ongoing voice to her message and to teach others, she co-founded the East Bay Institute for Urban Arts in Oakland, California. Her recent projects include additions to the *Maestra Peace* mural on the San Francisco Women's Building; the restoration of *Positive Visibility,* a mural in San Francisco about women and HIV/AIDS; and contributions to a trans-border project on women and labor consisting of murals in Erie, Pennsylvania, and in León, Guanajuato, Mexico. She recently finished a collaborative mural for the new international terminal of the San Francisco Airport. Juana Alicia has received many distinguished awards for her work, and several important commissions have made it possible for many of her works to be on display in the San Francisco Bay Area.

Juana Alicia's beautifully executed murals are often placed with projects based on community input, where they make a statement of "barrio" validation. In the Latino Mission District of San Francisco, there is a strong sense of community ownership of her murals because the stories they tell are echoed in the community. For example, *The Lettuce Workers* tells a story about migrant women. In *For the Roses,* the merging of Mexicano, Latino, and Chicano cultures in the distinctive flavor of the Mission is evoked. Themes of unity, cultural pride, an end to youth violence, and hopes for mankind and Earth resonate in these works of art, bringing ethnic neighborhood community walls alive.

As a recent recipient of the Fulbright Foundation's García-Robles Grant, Juana Alicia is to teach at the Escuela Superior de Arte de Yucatán (ESAY) in Yucatán, Mexico. During her one-year residency in the city of Mérida, Juana Alicia will create, in collaboration with her students, a monumental art project in the historic railroad station located in the heart of the city.

Juana Alicia—mother, gifted artist and educator—expresses her perspective on art and motherhood:

> *"For me, mothering and art-making are inextricable and necessary activities, devotional acts that develop spirit, mind and body."*

Como miembro de la escuela de muralistas mexicanos de mediados del siglo veinte, Juana Alicia ha escogido obras de arte público y murales como su vehículo de comunicación para transmitir sus inquietudes y sus valores más profundos. Las facetas de su vida como madre, activista comunitaria y artista Chicana reflejan su visión para la humanidad. Sus murales, representación gráfica de esta visión, dejan a los espectadores de su arte con esperanzas remozadas para el futuro de la humanidad.

La formación inicial de Juana Alicia la preparó para una carrera como educadora. Ella obtuvo de la Universidad de California en Santa Cruz su Licenciatura en Arte, orientada hacia la enseñanza para crear una conciencia estética desde una perspectiva cultural, y su credencial en Pedagogía del Arte. En la actualidad, Juana Alicia dicta cursos en la Universidad de Stanford. Su talento artístico y su capacitación como muralista la prepararon para enseñar a través de la narración, utilizando medios gráficos. Sus pinturas se han presentado extensamente en todos los Estados Unidos y en México, en exhibiciones individuales y colectivas.

Juana Alicia utiliza sus pinturas y sus murales para infundir en la comunidad mensajes de autosuficiencia y descubrimiento del potencial personal. Para continuar expresando su mensaje, ella fue co-fundadora del Instituto de Artes Urbanas en el Este de la Bahía, en Oakland, California. Entre sus proyectos más recientes se encuentran elementos agregados al mural *MaestraPeace* en la Casa de las Mujeres en San Francisco; la restauración de *Positive Visibility*, un mural en San Francisco con el tema de las mujeres y el VIH/SIDA; y un proyecto transnacional sobre las mujeres y el trabajo, el cual consiste en murales creados en Erie, Pennsylvania, y en León (Guanajuato), México. En fecha reciente, colaboró en la creación de un mural para la nueva terminal internacional del Aeropuerto de San Francisco. Juana Alicia ha sido honrada con numerosos premios por su obra y, debido a la comisión de importantes obras de arte que ha recibido, muchas de sus creaciones pueden apreciarse en el Área de la Bahía de San Francisco.

Los murales exquisitamente ejecutados de Juana Alicia se incorporan en proyectos con aportaciones de la comunidad, donde convalidan la experiencia del "barrio". En el distrito latino de la Misión de San Francisco, existe un fuerte sentido de posesión comunitaria de sus murales porque las historias que narran tienen un eco en esa comunidad. *Las lechugeras*, por ejemplo, cuenta la historia de las mujeres inmigrantes. En su mural *Para las Rosas*, se evoca la fusión de las culturas mexicana, latina y chicana en el sabor inconfundible del distrito de la Misión. En estas obras de arte resuenan los temas de la unidad, el orgullo cultural, el fin de la violencia juvenil, y las esperanzas de la humanidad y de la tierra, dando vida a las paredes de la comunidad.

Debido a su reciente obtención de la subvención García-Robles de la Fundación Fulbright, Juana Alicia dictará cursos en la Escuela Superior de Arte de Yucatán (ESAY) en Yucatán, México. Durante su residencia de un año en la ciudad de Mérida, Juana Alicia, con la colaboración de sus estudiantes, creará un proyecto de arte monumental en la histórica estación de ferrrocarril ubicada en el corazón de la ciudad.

Juana Alicia —madre, artista y educadora extraordinaria— expresa su perspectiva sobre el arte y la maternidad:

> *"Para mí, la maternidad y la creación artística son actividades inextricables y necesarias, actos de devoción que desarrollan el espíritu, la mente y el cuerpo".*

p. 11

Isabel Allende

Author/Autora

Isabel Allende is the leading female literary voice from Latin America and the best-selling female writer in the world. Her books, translated from Spanish into 30 languages throughout the world, occupy best-seller lists in many countries and have won her many prestigious honors and awards. Two of her books, *The House of the Spirits* and *Of Love and Shadows*, were made into movies; *The House of Spirits, Eva Luna, Stories of Eva Luna*, and *Paula* have all been adapted for theater. An opera has been composed on *Stories of Eva Luna*.

A plethora of descriptive phrases written about Isabel Allende accompany her world-wide fame: "Chilean Sheherazade," "Latin American Authority," "Woman in a Man's World," "A Personality—A Famous Exile," the "Niece of a Fallen Marxist Hero," and "Feminist Revolutionary," to name a few. But when asked to describe herself, she will simply tell you, in her straightforward style, "I am a storyteller." She extends to her readers a generous invitation to join her as she recalls and tells of past occurrences—"what never happened and what still may happen"—in a frank, intimate, imaginative fashion. The written words seem to reflect that which is familiar to the reader. By reading the words, the reader identifies and responds, fully immersed in the story. Using this ability to evoke emotional responses through her storytelling, Allende shares experiences, capturing hearts and minds. When she has fully engaged the reader's attention, she advocates, in her own special way, better treatment of our environment and better treatment of one another. In harmony with her value of respect is her belief in the spirituality of all living things: "I believe that there is a spirit, a spirit of life in everything that surrounds me—I try to be in touch with that."

Her support of social and philanthropic causes is born out of awareness and a strong sense of responsibility and service. She asserts her dual responsibility to act for, and to speak on behalf of, social justice. Shortly after the death in 1992 of her daughter, Paula Frías, the focus of whose short life had been to provide help for women and children in poor communities, Isabel Allende established the Isabel Allende Foundation to continue her daughter's work.

> *"I feel I have a mission...I am Latina and I am Woman...I have a platform (from which) to speak in English about my culture...All that places me in a position of responsibility and privilege that I use."*

Among her many prestigious literary awards, a place of special honor is held by the award that is perhaps the most symbolic of this extraordinary Latina: Honorary Member of the Academy of Development and Peace (Austria, 2000).

Isabel Allende es la principal voz literaria femenina de la América Latina y la escritora que tiene más ventas en el mundo. Sus libros, traducidos del español a 30 idiomas alrededor del mundo, ocupan las listas de los libros más vendidos en la mayoría de países, y le han retribuido con los más prestigiosos honores y premios. Dos de sus libros, *La casa de los espíritus* y *De amor y de sombra,* fueron llevados al cine; y sus libros *La casa de los espíritus, Eva Luna, Historias de Eva Luna* y *Paula* han sido adaptados al teatro. Una ópera fue creada en base a su libro *Historias de Eva Luna.*

Acompañan su fama mundial una plétora de frases descriptivas que han sido escritas sobre Allende, incluyendo: "Sherezada chilena", "Autoridad latinoamericana", "Mujer en un mundo de hombres", "Una personalidad —un exilio famoso", la "Sobrina de un héroe marxista derrocado", "Revolucionaria feminista", por nombrar algunas. Pero cuando se le pregunta cómo se describe a sí misma, ella simplemente dirá con su estilo directo tan propio: "Soy una narradora". Ella extiende a sus lectores una generosa invitación para unírsele mientras recuerda y relata acontecimientos del pasado, "lo que nunca pasó y lo que podría suceder", en un estilo fantástico, franco e íntimo. Las palabras escritas parecen reflejar lo que es familiar para el lector. A través de la lectura, el lector identifica y responde, completamente inmerso en la historia. Usando esa habilidad de "contadora de historias" para evocar respuestas emocionales a través de su narración, Allende comparte experiencias, capturando corazones y mentes. Cuando capta la atención del lector, le propone un mejor trato a nuestro medio ambiente, y un mejor trato entre unos y otros. Acorde con el valor que da al respeto, está su creencia en la espiritualidad de todos los seres vivos: "Creo que existe un espíritu, un espíritu de vida en todo lo que me rodea —trato de estar en contacto con eso".

Su apoyo a causas sociales y humanitarias nace de un fuerte sentido de obligación y servicio. Sostiene su doble responsabilidad de actuar por y hablar a favor de la justicia social. Luego de la muerte en 1992 de su hija, Paula Frías, quien en su corta vida se había enfocado en ayudar a mujeres y a niños en comunidades pobres, Allende creó la fundación denominada *Isabel Allende Foundation*, con el fin de continuar la labor de su hija.

> *"Siento que tengo una misión...Soy Latina y soy Mujer...Tengo una plataforma desde la cual hablar en inglés sobre mi cultura...todo eso me ubica en una posición de responsabilidad y privilegio que yo utilizo".*

En un lugar de especial honor, entre sus numerosos e ilustres premios y reconocimientos literarios mundiales, está el premio que tal vez es el que más simboliza a esta extraordinaria latina: Miembro Honorario de la Academia de Desarrollo y Paz, Austria, 2000.

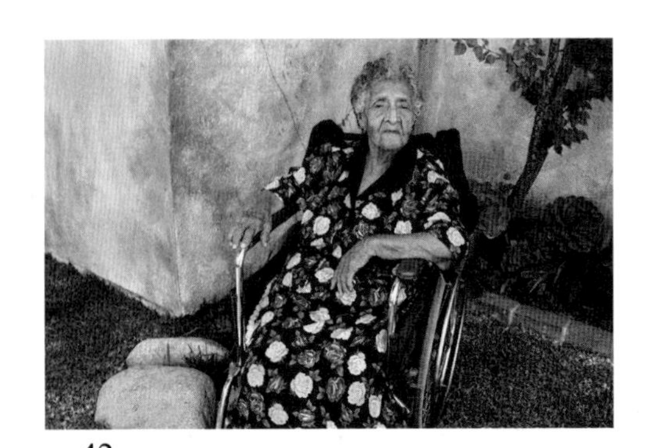

p. 42

María Andrade de Ochoa (1902–2002)

Community Mobilizer/Movilizadora Comunitaria

Although she was 100 years old when she died, María Andrade de Ochoa was still very clear of mind, according to the relatives she lived with in Baldwin Park, California. She often proudly told eager listeners that she had 42 grandchildren, 91 great-grandchildren, and 13 great-great-grandchildren. With unbridled enthusiasm, she would recall her experiences as the young mother of a special needs child, and would recount stories of her many years of volunteer work on behalf of all the special-needs children in her community. She filled an essential need in a community with few resources.

In the 1930's, María and her husband settled with their children in the small Northern California town of Roseville, where she began working with families who had special needs children like her own. This work turned into a crusade against old cultural attitudes about disabilities. As a young Mexican mother, she openly confronted the embarrassment and sense of confusion she encountered in many of her Latino neighbors whenever they saw her child. Although most Latino special needs children were warmly embraced by members of their immediate families, María Andrade de Ochoa noticed that these children were often kept behind the walls of their homes, in order to protect them but also in order to ward off unjustified criticism of the family. Before long, María became a compelling spokesperson on behalf of these children and their families, advocating programs that would help the children develop to their fullest capacities. Mothers united under her leadership and began to organize grassroots fundraising activities. They held garage sales to sell donated items, and also sold food (including María's Mexican dishes) to collect funds in support of special programs they wanted for their children. These were successful efforts in many ways. As Doña María noted, "The answers to my prayers were to see the special needs children out of their homes and next to their mothers at these community events." She utilized her progressive vision to transform a community, through engaging leadership and a personal conviction that the fruits of the world should be for everyone.

María Andrade de Ochoa also contributed to the formation of the first self-help association at her church in Roseville, California. Each member of the parish contributed five dollars a month and the money collected was deposited in a multipurpose fund to provide financial assistance to any member in dire need. At the same time, the accounts of individual contributors served as equity and life insurance funds. One of María's granddaughters says, "Had my grandmother had the opportunities that she made sure I had, she could have been anything she wanted to be. She had the intelligence and know-how." All of the family members have favorite stories about their mother or abuelita María. "She used her secret recipes for delicious dishes as enticements to get what she wanted. We all knew she was working on a special community project when she started cooking her famous Mexican dishes." "She loved to dance to the sound of Latino Big Bands, even at a very advanced age. When she heard a dance tune on the radio, she started to move her hands and shoulders to the rhythm." "She loved to punctuate whatever she was saying with humor, even if she was scolding you." Maria Andrade de Ochoa recalled the Mexican pueblo or rancho lifestyles of past generations and expressed her opinion that the values of those times are still important today. She described how they shaped her life:

> *"Honor was at the top. We grew up with a feeling of belonging. Hard work was how many families obtained honor. You did not need a lawyer—your word was sealed by a handshake. You made sure your*

actions, your family name, your ancestors were never disgraced. We were "cumplidores" (we kept our word and we were reliable). I knew it was right to help my community. I was able to help my special needs son as I helped other children,and this was honorable."

Aunque en la fecha de su muerte había alcanzado 100 años de edad, según los parientes con quienes vivía en Baldwin Park, California, María Andrade de Ochoa mantenía una mente clara. Expresaba a menudo y con orgullo a quienes la escuchaban con atención que tenía 42 nietos, 91 bisnietos y 13 tataranietos. Rememoraba con entusiasmo desenfrenado sus experiencias de madre joven de un hijo con necesidades educativas especiales, y contaba anécdotas sobre su trabajo durante muchos años como voluntaria en pro de los niños en su comunidad que tenían necesidades especiales. María proveyó un servicio esencial para una comunidad con escasos recursos.

En la década de 1930, María, su esposo y sus hijos se establecieron en la pequeña población de Roseville en el Norte de California, donde comenzó a trabajar con familias que tenían, como ella, hijos con necesidades especiales. Su labor se transformó en una cruzada en contra de actitudes culturales anticuadas en cuanto a las discapacidades. Como madre mexicana joven, María se enfrentó abiertamente a la vergüenza y la confusión manifiesta en muchos de sus vecinos latinos cuando la veían en compañía de su hijo discapacitado. Aunque la mayoría de los niños latinos con necesidades educativas especiales recibían el apoyo cariñoso de sus familias inmediatas, ella observó que con frecuencia a estos niños los mantenían encerrados en sus hogares para protegerlos contra abusos, pero también para proteger a la familia contra críticas injustificadas. María no tardó en convertirse en una defensora convincente de estos niños y sus familias, abogando por el desarrollo de programas que ayudaran a los niños a realizar su máximo potencial. Las madres se unieron bajo el liderazgo de María y comenzaron a organizar campañas a nivel básico para recaudar fondos. Organizaron ventas de artículos donados y de comidas (inclusive platos mexicanos preparados por María), con el fin de financiar los programas especiales que querían obtener para los niños. Estos esfuerzos rindieron frutos de muchas maneras. Como observó Doña María: "La respuesta a mis plegarias la obtuve al ver salir de sus hogares a estos niños con necesidades especiales, acompañados de sus madres, para participar en estas actividades comunitarias". Su visión progresista la utilizó para transformar a la comunidad con su liderazgo y su convicción personal de que los frutos de este mundo debían estar al alcance de todos.

María Andrade de Ochoa contribuyó también a la formación de la primera asociación de apoyo mutuo en su iglesia de Roseville. Cada miembro de la parroquia hizo una donación mensual de cinco dólares y los fondos recaudados se depositaron en una cuenta de propósitos múltiples para ofrecer ayuda financiera a cualquier miembro con necesidades críticas. Al mismo tiempo, las cuentas de los contribuyentes individuales servían a manera de fondos de patrimonio propio y de seguro de vida. Una de las nietas de Doña María comentó: "Si mi abuela hubiera tenido las oportunidades que ella aseguró para mí, habría podido tener la carrera que quisiera, porque poseía la inteligencia y los conocimientos para lograrlo". Todos los miembros de la familia tienen sus recuerdos favoritos relacionados con su madre o su abuelita María. "Ella usaba sus recetas secretas para preparar platillos deliciosos como incentivos para que le dieran lo que ella quería. Nosotros ya sabíamos que se trataba de un proyecto especial para la comunidad cuando ella comenzaba a preparar sus famosos platillos mexicanos". "Le encantaba bailar al compás de las grandes orquestas latinas, aun cuando ya tenía una edad avanzada. Cuando escuchaba una melodía bailable en la radio, comenzaba a mover sus manos y sus hombros al ritmo de la música". "Le encantaba salpicar todo lo que decía con su sentido del humor, y lo hacía hasta cuando estaba regañando a alguien".

María Andrade de Ochoa recordaba los estilos de vida en los pueblos o ranchos mexicanos de las generaciones de antaño, y opinaba que los valores de entonces siguen teniendo importancia hoy día. Ella describió cómo esos valores transformaron su vida:

"Por encima de todo el honor. Crecimos con un sentimiento de familia. Las familias obtenían el honor a esfuerzo de trabajo. No se necesitaba un abogado —la palabra quedaba sellada con un apretón de manos. Tú te asegurabas de que con tus acciones, el nombre de tu familia y de tus antepasados nunca quedaran ultrajados. Éramos cumplidores (nuestra palabra se honraba y se podía confiar de ella). Yo sabía que ayudar a mi comunidad era bueno. Pude ayudar a mi hijo con necesidades especiales. También pude ayudar a otros niños, y esto era honorable".

p. 45

Vibiana M. Andrade

Legal Advocate/Defensora Legal

A focus on disparities in society—disparities that affect the minority communities disproportionately—is evident in Vibiana M. Andrade's work.

Vibiana was born and raised in Southern California, a third-generation American of Mexican descent. She graduated *cum laude* from Pomona College in Claremont, California, in 1977, with a Bachelor of Arts degree in Philosophy. In 1980, she received her law degree from Harvard Law School. While at Harvard, she served as the Editor-in-Chief of the Harvard Women's Law Journal.

Currently, Vibiana Andrade is a Civil Deputy City Attorney for the City of Los Angeles. She represents the city in non-criminal cases. Her experiences as a law advocate reflect her broad knowledge of judicial matters. In her previous position as National Legal Counsel for the Mexican American Legal Defense and Educational Fund (MALDEF), she strongly endorsed the national organization's dedication to securing and promoting the civil rights of Latinos in the United States. As Regional Counsel, she engaged in litigation and advocacy in various substantive areas, such as voting rights, immigration rights, education, language rights, and employment. It is her ability to fight in the trenches that defines the style of her work. To know what Vibiana Andrade does professionally is to know Vibiana Andrade personally. Her efforts, driven by deep conviction, continue to exercise an impact on litigation concerning immigrant-related issues.

Prior to working for MALDEF, Vibiana was the Senior Attorney with the National Immigration Law Center in Los Angeles, California, from 1987 until 1991, specializing in immigration, employment, and public benefits issues affecting low-income immigrants. She participated in state and national task forces formed to address the special needs of immigrants, and litigated complex federal and state court cases affecting immigrants' rights. While at California Rural Legal Assistance, Inc., in Santa Maria, California, Vibiana worked principally on behalf of farmworkers. In all of her early legal positions in the 1980's, her work addressed issues of poverty, discrimination and labor.

Whenever Andrade has taken a position as Defense Counsel, she has wielded a rapier of expertise supported by immense inner strength. She dares to question the system, to take up the just cause, and she does so investing every fiber in her being and a will that does not yield.

"There is so much to do to equalize the playing field for all people in need. The rewards of addressing issues are both issues of ethics and personal satisfaction. Admittedly, sometimes I feel emotionally tired, but my sense of joy and humor help me refuel to go on."

Vibiana M. Andrade's vision of what should be and what is possible has empowered her. When she looks you straight in the eye and says, "I'm a fighter," the smile that accompanies her statement is engaging, and seems to invite you to join in the good fight.

El enfoque de las disparidades sociales —disparidades que afectan desproporcionalmente a las comunidades minoritarias— es evidente en la obra de Vibiana M. Andrade.

Vibiana nació en el Sur de California y pertenece a una tercera generación de norteamericanos de ascendencia mexicana. En 1977, recibió *cum laude* su Licenciatura en Filosofía de Pomona College en Claremont, California. En 1980, se graduó como abogada en la Facultad de Leyes de la Universidad de Harvard. Mientras estudiaba en Harvard, ocupó el cargo de Editora Jefe de la revista legal *Harvard Women's Law Journal.*

En la actualidad, Vibiana Andrade ocupa el cargo de Abogada Suplente de la Municipalidad de Los Ángeles en el Ramo Civil. Sus experiencias como defensora legal reflejan sus amplios conocimientos en el campo de la jurisprudencia. En su cargo anterior como abogada al nivel nacional del Fondo Mexicano Americano para la Defensa Legal y la Educación (MALDEF), ella apoyó vigorosamente la dedicación de esta organización a la obtención y el fomento de los derechos civiles de los latinos en todos los Estados Unidos. Como Abogada Regional, ella participó en litigios y en defensa en diversas áreas fundamentales, tales como el derecho al sufragio electoral, los derechos de los inmigrantes, la educación, derechos relacionados con el lenguaje y asuntos laborales. El estilo de su práctica profesional lo define su capacidad para luchar a la vanguardia. Conocer su labor profesional es conocer personalmente a Vibiana. Sus esfuerzos, impulsados por una convicción profunda, continúan ejerciendo un impacto sobre los litigios relacionados con asuntos de inmigración.

Antes de trabajar para MALDEF, Vibiana fue Abogada Principal del Centro Nacional de Leyes de Inmigración en Los Ángeles, California, desde 1987 hasta 1991, con especialización en los asuntos de inmigración, empleo y beneficios públicos que afectan a los inmigrantes de bajos ingresos. Participó en grupos de trabajo organizados a nivel estatal y nacional para atender las necesidades especiales de los inmigrantes, y litigó en las cortes estatales y federales casos complejos que afectaban los derechos de los inmigrantes. Mientras trabajaba en Santa María, California, con California Rural Legal Assistance, Inc., Vibiana se ocupó principalmente de representar a los trabajadores agrícolas. En todos sus primeros cargos legales en la década de 1980, su labor profesional se concentró en casos de pobreza, discriminación y empleo.

Siempre que Vibiana Andrade ha desempeñado un cargo de Abogada Defensora, lo ha hecho con la agudeza y agilidad de una esgrimista, armada con conocimientos y con una inmensa fortaleza personal. Ella no tiene reparos en cuestionar el sistema y encargarse de una causa justa, e invierte en ello cada fibra de su ser y una voluntad férrea que no da marcha atrás.

> *"Hay tantas cosas que hacer para igualar el terreno de juego de las personas necesitadas. La recompensa de resolver problemas abarca tanto consideraciones éticas como la satisfacción personal. Debo reconocer que me siento a veces emocionalmente exhausta, pero mi alegría y mi sentido del humor me reaniman para continuar la lucha".*

La visión que Vibiana M. Andrade posee de lo que debe ser y de lo que es posible conseguir la ha fortalecido. Cuando te mira cara a cara y te dice, "Soy una luchadora", la sonrisa con que lo dice es encantadora y parece extender una invitación a participar en la lucha por las causas buenas.

p. 27

Judith Francisca Baca

Muralist and Educator/Muralista y Educadora

Judith Francisca Baca has exhibited her art nationally and internationally. Her works are on display in numerous collections, including the National Museum of American Art at the Smithsonian Institution in Washington, D.C. As a visual artist and one of the nation's leading muralists, Judith is best known for her large-scale public art works. Her internationally known work, "The Great Wall of Los Angeles," is a landmark pictorial representation of the history of ethnic peoples of California from their origins to the 1950's. Judith and her planning and painting teams of approximately 700 participants produced 2,470 running feet of murals in segments over five summers between 1974 and 1984. Another work, "The Great Wall of Tujunga Wash," engaged over 400 young people between the ages of 14 and 21 who were of diverse cultural and economic backgrounds. Working with scholars, oral historians, local artists, and hundreds of community members, Judith made this piece one of the most acclaimed projects depicting interracial relations in the United States. Half a mile in length, it is located along the Tujunga Flood Control Channel and adjacent bike trails in the San Fernando Valley, and hosts thousands of visitors every year. The mural provides a vibrant and lasting tribute to California and to the under-recognized ethnic groups who have shaped the history of the state.

Judith Francisca Baca is a founding faculty member of California State University at Monterey Bay, which held its first undergraduate commencement ceremony in 1997. She has taught studio art as Professor of Fine Arts for the University of California, Los Angeles (UCLA), since 1980, where she presently holds two concurrent academic appointments: Vice Chair of the César Chávez Center: and Professor of Art for the Department of World Arts and Cultures. For over twenty-five years, she has served as Founder/Artistic Director of the Social and Public Art Resource Center (SPARC) in Venice, California. SPARC is a multi-ethnic arts center that produces, exhibits, distributes and preserves public works of art. SPARC is particularly committed to increasing the visibility of work which reflects the lives and concerns of the women, working people, youth and the elderly who make up America's diverse ethnic populations.

"We remain firmly committed to our values as socially responsible art makers. We are committed to helping individual communities find their voice and having others hear it; to breaking down barriers, real and perceived, between communities; and to remembering that what we do is as much about public art as it is about public good. In short, we seek to produce public art that includes the multiple perspectives of the people who inhabit public space by creating sites of 'public memory.' These moments of public interaction will ultimately value who the people of our city are and the mission that first called SPARC into being."

Judith Francisca Baca ha realizado exhibiciones de su arte nacional e internacionalmente. Sus obras se exhiben en numerosas colecciones, inclusive en el National Museum of American Art del Smithsonian Institution en Washington, D.C. En su calidad de especialista en artes plásticas y una de las principales muralistas de la nación, Judith se conoce principalmente por sus obras públicas a gran escala. Su creación internacionalmente reconocida, *The Great Wall of Los Angeles,* es un monumento pictórico que representa la historia de los grupos étnicos de California desde sus orígenes hasta la década de 1950. Judith y sus equipos de planificación y pintura, integrados por aproximadamente 700 participantes pintaron, en segmentos, 2,470 pies lineales de murales durante cinco temporadas de verano entre los años de 1974 y 1984. Otra de sus creaciones, *The Great Wall of Tujunga,* ocupó a más de 400 jóvenes entre las edades de 14 y 21 años, con diversos antecedentes culturales y étnicos. Colaborando con investigadores, con especialistas en la tradición oral, con artistas locales y cientos de miembros de la comunidad, Judith pintó esta obra, uno de sus proyectos más prestigiosos, en el que ilustra las relaciones inter-raciales en los Estados Unidos. Con una longitud de media milla, el proyecto está ubicado a lo largo de los canales de control de inundaciones de Tujunga y las rutas para ciclistas adyacentes en el Valle de San Fernando, y lo visitan miles de personas todos los años. Este mural es un tributo vibrante y perdurable al estado de California y a los grupos étnicos poco reconocidos que han forjado su historia.

Judith Francisca Baca es una de las catedráticas fundadoras de California State University, Monterey Bay, institución que tuvo su primera promoción de graduados universitarios en 1997. Ha dirigido un taller de arte como Profesora de Bellas Artes en la Universidad de California en Los Ángeles (UCLA) desde 1980, donde ocupa en la actualidad dos cargos académicos simultáneos: Subpresidenta del Centro César Chávez y Profesora de Arte en el Departamento de Culturas y Artes del Mundo. Durante más de veinticinco años, Judith ha laborado como Fundadora y Directora Artística del Social and Public Art Resource Center (SPARC), un centro de recursos artísticos en Venice, California. SPARC es un centro de arte multi-étnico donde se crean, exhiben, distribuyen y preservan obras de arte público. SPARC se dedica primordialmente a fomentar la visibilidad de obras que reflejan las vidas y las inquietudes de las mujeres, los trabajadores, los jóvenes y las personas de la tercera edad que integran las poblaciones con diversidad étnica en la América del Norte.

> *"Permanecemos firmemente fieles a nuestros valores como creadores de arte socialmente responsables. Nos hemos comprometido a ayudar a las comunidades individuales a encontrar su voz y a darle expresión pública para que otros la escuchen, a derrumbar barreras, reales o percibidas, recordando que nuestra labor se relaciona tanto con el arte público como con el bienestar público. En pocas palabras, tratamos de crear un arte que abarque las perspectivas múltiples de la gente que habita el espacio público mediante la creación de una 'memoria pública'. Estos momentos de interacción valorarán en último análisis a quienes son las gentes de nuestra ciudad y la misión que dio a SPARC su razón de ser".*

p. 48

Minnie López Baffo

Community Activist/Activista Comunitaria

Minnie López Baffo, born and raised in Los Angeles, California, by parents who were originally from Mexico, is the youngest of eleven children. Early parental guidance encouraged her to visualize the effects of her efforts on others as well as herself. This early guidance on personal responsibility and the well-being of others still resonates in her personality today.

López Baffo is a founding member of HOPE, Hispanas Organized for Political Equality, whose mission is to "inspire, empower, and engage in leadership to strengthen all communities." She is associated with many organizations that strive to improve communities, including: The League of Women Voters Education Fund, the National Association of Hispanic Elderly, and the Contractor's State Licensing Board (she was the first Latina on the board and its first elected Chair). Minni López Baffo was President of the Los Angeles County Human Relations Commission and Vice President of the Los Angeles County Commission on the Status of Women. She was a member of the Small Business Administration Advisory Board, the Los Angeles City Fire Department Blue Ribbon Committee, the Los Angeles County Museum Arts Advisory Council, and the Region 111 California Youth Authority Advisory Board. She is an active member of the Los Angeles Women's Appointment Collaborative, and has served as its President.

In her capacity as Community Relations Manager for the Southern California Gas Company, the largest natural gas distributor in the United States, López Baffo was responsible for the development and implementation of community relations activities, special projects and events. She was a guide for "corporate responsibility," which included community member welfare.

The many awards bestowed on López Baffo by local and state organizations are well deserved. She was named

Woman of the Year by the Mexican American Opportunity Foundation (MAOF), and Community Leader by the Los Angeles County Commission on the Status of Women. The City of Pasadena honored her with its Award of Excellence, and she has also received honors from other state and federal legislative organizations. Governor Gray Davis proclaimed a Minnie López Baffo Day in California, in recognition of her services to the state.

The life work of Minnie López Baffo has been, and continues to be, rich in the flavor, color, and texture of her Latino background. Her sense of responsibility has prompted her to address not only local issues, but also those of the world at large. She considers everyone "sisters and brothers." She leads by example, and believes that "a good leader many times is at the end of the line, not always at the front." She loves to learn from others.

Minnie López Baffo, nacida en Los Ángeles, California, y criada por padres mexicanos, es la más joven en una familia de once niños. Desde temprana edad, sus padres la animaron a visualizar los efectos de sus esfuerzos tanto en otras personas como en sí misma. Esta educación impartida durante su niñez sobre la responsabilidad personal y el bienestar de otros continúa resonando en su personalidad actual.

Minnie fue una de las fundadoras de la organización Hispanas Organizadas para la Igualdad Política (HOPE), cuya misión es "inspirar, fortalecer y participar en el liderazgo para robustecer las comunidades". Ella tiene vínculos con numerosas organizaciones que se esfuerzan por mejorar la vida comunitaria, entre ellas las siguientes: el Fondo Educativo de la Liga de Mujeres Votantes, la Asociación Nacional pro Personas Mayores Hispanas y la Junta Estatal para el Otorgamiento de Licencias a Contratistas (fue la primera latina en ingresar a esta Junta y la primera en ocupar su presidencia). Minnie López Baffo fue Presidenta de la Comisión de Relaciones Humanas del Condado de Los Ángeles y Vicepresidenta de la Comisión sobre la Condición de la Mujer del mismo condado. Participó como miembro de la Junta Asesora de la Administración de Pequeños Negocios, del Comité Selecto del Departamento de Bomberos de Los Ángeles, del Consejo Asesor de Bellas Artes del Museo de Arte del Condado de Los Ángeles y de la Junta Asesora de la Autoridad Juvenil de California en la Región 111. Participa activamente en la Organización Colaborativa para el Nombramiento de Mujeres de Los Ángeles, de la cual ha servido como Presidenta.

En su capacidad como Gerente de Relaciones Comunitarias de la Empresa de Gas del Sur de California, la distribuidora de gas natural más grande del país, Minnie estuvo encargada de crear y desarrollar actividades, proyectos y eventos especiales de relaciones comunitarias. Actuó como guía de "responsabilidad corporativa", la cual incluyó actividades relacionadas con el bienestar social de miembros de la comunidad.

Minnie López Baffo ha recibido numerosas distinciones meritorias de organizaciones locales y estatales. Fue nombrada Mujer del Año por la Fundación de Oportunidades para Personas Mexicano-Americanas y Líder Comunitaria por la Comisión sobre la Condición de la Mujer del Condado de Los Ángeles. La Municipalidad de Pasadena la honró con un Premio por Excelencia, y ha recibido honores de otras entidades legislativas estatales y federales. El Gobernador Gray Davis proclamó un Día de Minnie López Baffo en California como reconocimiento a sus servicios en beneficio del estado.

La labor de Minnie López Baffo a través de su vida ha sido, y sigue siendo, enriquecida con el sabor, los colores y la textura de sus raíces latinas. Su sentido de responsabilidad la ha impulsado a lidiar no sólo con problemas locales sino también problemas mundiales. Para ella, todos somos "hermanas y hermanos". Ella nos guía con su ejemplo personal y considera que "los líderes buenos no siempre actúan desde posiciones frontales, a veces lo hacen desde la retaguardia". A Minnie le encanta aprender de los demás.

p. 49

Edda Caraballo

Educator/ Educadora

For most of her youth, Edda Caraballo "lived in sheer terror," attending American schools where she felt rejected, was forbidden to speak Spanish, and ridiculed for her differences.

Edda was born in San Juan, Puerto Rico, and is of Spanish, African, and Taíno descent. (The Taíno were a pre-Columbian indigenous people who lived in La Española, Cuba, and in Puerto Rico.) When she was seven, her father was transferred to a Coast Guard base in Alameda, California, where she entered the second grade. "Others tried to make me something that I wasn't. They made me ashamed of my identity. I thought that I was bad for what I was: brown, a Spanish speaker, a Puerto Rican, a Latina."

Edda Caraballo has pursued a professional career in bilingual education. Her first position after university schooling was that of a bilingual (Spanish and English) classroom teacher. Later, she was an Instructional Support Teacher, Director of Staff Projects, and Resource Teacher in migrant, bilingual and early childhood education programs. Currently, she is a Bilingual Education Consultant.

Because of her own experience in seeing the needs of children, and having become an expert in the learning process, Edda speaks with a determined voice. She has spent a lifetime defending the educational rights of Spanish-dominant children. Edda Caraballo knows about the importance of using and maintaining the home language in the life-long learning process. The dual immersion process in acquiring a new language has a high rate of success for all students. Edda Caraballo's advocacy for bilingual education is based on well-established theories of childhood learning, and on her many years of observing and supporting child development programs in the educational system.

> *"I consider myself a voice for those children who would be left behind if no one was around to do what needs to be done. I take a stand. I've learned to embrace the tough journey that faces many Latinas who live in two cultures and operate in two languages. The journey sometimes includes pain, especially when confronting ignorance and misguided attitudes regarding the development of children's learning. But it also includes inner rewards, and fulfillment. In my own gentle way, I fight for women's and children's rights."*

As a volunteer, Edda Caraballo supports Results, an organization dedicated to ending the worst aspects of hunger and poverty in our country and around the world. The efforts of this organization include interactions with members of the California House of Representatives and Senate, and the formation of an international delegation that meets with policymakers of the World Bank. Edda's volunteer efforts also embrace the needs of homeless women. Through the Woman's Wisdom Project, low-income and homeless women rediscover their self-esteem through the power of art and writing. The project helps women overcome the effects on their lives of poverty, abuse, and homelessness.

> *"I am a tireless advocate for health and educational programs. I am a Latina who has come a long way from those early years as a frightened young child. I am whole and complete."*

Durante la mayor parte de su juventud, Edda Caraballo "vivió aterrada", asistiendo a escuelas en los Estados Unidos donde se sentía rechazada, en donde le tenían prohibido hablar en español y la ridiculizaban por las diferencias que la distinguían de los demás estudiantes.

Edda nació en la ciudad de San Juan, Puerto Rico, y su ascendencia étnica es española, africana y taína. (Los taínos eran indígenas pre-colombinos que habitaban en La Española, Cuba, y en Puerto Rico). Cuando Edda cumplió sus siete años de edad, su padre fue transferido a la base de los guardacostas en la ciudad de

Alameda, California, donde ella ingresó al segundo grado. "Otros intentaban transformarme en lo que yo no era. Me hicieron sentir avergonzada de mi identidad. Pensaba que yo era una mala persona porque era de tez oscura, de habla hispana y de ascendencia latina".

Edda ha seguido una carrera profesional en educación bilingüe. Una vez concluidos sus estudios universitarios, su primer empleo fue como maestra bilingüe en inglés y español. Posteriormente, fue Maestra de Apoyo, Directora de Proyectos del Personal Docente y Maestra Especializada en Recursos en programas educativos para trabajadores itinerantes, programas bilingües y programas para niños pequeños. En la actualidad, Edda es Consultora en Educación Bilingüe.

Debido a sus experiencias observando las necesidades educativas de los niños y después de haber adquirido conocimientos extensos en los procesos del aprendizaje, Edda puede expresar sus opiniones con autoridad y determinación. Ella ha consagrado su vida a la defensa de los derechos educativos de niños cuyo idioma dominante es el español. Edda reconoce la importancia de utilizar y mantener el idioma nativo en el proceso del aprendizaje, el cual dura toda la vida. La inmersión simultánea en dos idiomas y en dos culturas al adquirir un nuevo idioma da resultados excelentes para todos los estudiantes. La defensa de la educación bilingüe mantenida por Edda Caraballo tiene su fundamento tanto en teorías bien establecidas sobre el aprendizaje de los niños como en los numerosos años que lleva observando y apoyando programas de desarrollo infantil en el sistema educativo.

"Yo me considero una voz para aquellos niños que quedarían rezagados si no hubiera cerca de ellos alguien que hiciera lo que es necesario hacer. Yo adopto una posición firme. He aprendido a emprender el camino difícil por el que viajan muchas mujeres latinas que viven en dos culturas y operan en dos idiomas. Este viaje no está exento de congojas, especialmente cuando enfrentamos ignorancia e ideas equivocadas acerca del aprendizaje de los niños. Pero también está colmado de recompensas y satisfacciones personales. Lucho con suavidad y firmeza por los derechos de las mujeres y de los niños".

Edda Caraballo apoya como voluntaria la organización llamada Results, la cual se dedica a luchar contra los peores aspectos del hambre y la pobreza en nuestro país y alrededor del mundo. Las actividades de esta organización incluyen interacciones con miembros de la Cámara Legislativa y del Senado de California, y la formación de una delegación internacional que se reúne con los forjadores de las políticas del Banco Mundial. Como voluntaria, Edda se esfuerza también por ayudar a mujeres sin vivienda. Con la colaboración de Edda en las actividades del proyecto *Woman's Wisdom*, mujeres desamparadas y de bajos ingresos vuelven a descubrir su amor propio a través del arte y de la creación literaria. El proyecto ayuda a estas mujeres a sobreponerse a los efectos que la pobreza, el abuso y la falta de un hogar han tenido en sus vidas.

"Soy una defensora incansable de los programas educativos y para la salud. Soy una mujer latina que he dejado muy atrás aquellos años de temor que viví durante mi niñez. Me siento realizada y completa".

p. 6

Gabriela Castelán

Radio Program Producer/Productora de Programas de Radio

"I derive my inspiration from my ancestors who are in large part the original Americans. My father, one of the first Chicanos to graduate with a Civil Engineering degree from University of California, Berkeley, in the twenties, wanted the best for our family and instilled in me, the youngest of six, the "ganas" (the will) necessary to strive for success. Originally, when my parents moved to Los Angeles from Mexico, before I was born, they encountered discrimination. But they were not deterred. Throughout my life, I will continue to emulate their courage and convictions."

Gabriela Castelán began working in radio during her college years at Humboldt State University, where she was a volunteer at the campus radio station in the early 1970's. It was the beginning of a career in radio and television that has spanned over 30 years. With an FCC radio license, a Bachelor's degree in Theater Arts, and a Master's degree in Public Administration, she has been involved in important radio and television programming, and has been a part of many "firsts" in the Latino media field. Some of Gabriela's accomplishments include broadcasting in 1975 for the first bilingual public radio station in the country, KBBF Radio, in Sacramento, California; acting as Capitol Correspondent for California Public Radio; and producing "California Week in Review" (a statewide PBS program modeled after "Washington Week in Review"); inaugurating a weekly radio news service for the California State University system; and anchoring the news at KQED. In 1999 and 2000, as Staff Writer and Latino Marketing Manager for Consumer Action in San Francisco, she was responsible for all Latino media relations, outreach and marketing.

As Communications Director for the Senate Majority Caucus in the California Legislature (1994-1996), Gabriela was responsible for all Latino media relations and wrote comprehensive talking points for state senators in favor of using information technology to improve constituent communications. During her academic career, she taught radio and television production at California State University, Long Beach, in 1983. At California State University, Hayward, she had the opportunity in 2000 to share with students the role-played by media in all societies. Currently, she is a radio producer for KPFA Radio in Berkeley, California, where she has her own program, "La Raza Chronicles." The program is a weekly bilingual exploration of news and public affairs issues affecting Latinos. It was developed in response to the need for coverage of current events involving the Latino community which are generally not covered by the mass media. She also co-produces a nationally syndicated radio show on contemporary Native American music. In partnership with her husband, Gabriela Castelán owns and operates a business focusing on new media applications for radio and web-casting.

> *"What drew me to broadcast journalism was the desire to have an impact on society. The media is a potent force; it deciphers the word for viewers, listeners, and readers. Because of the renaissance of Spanish language media, the media helps Latinos in the United States retain their cultural background while assimilating the Anglo culture. It also creates a community for Latinos all over the world. Through radio, television, print, and the Internet we can remain connected and informed despite geographic boundaries, and present a Latino perspective on the world stage of events and values."*

> *"Mi inspiración proviene de mis antepasados, quienes son, en su mayoría, los americanos originarios. Mi padre, uno de los primeros chicanos en graduarse con un título de Ingeniero Civil de la Universidad de California en Berkeley durante la década de 1920, deseaba lo mejor para su familia y me inculcó a mí, la menor de sus seis hijos, las ganas necesarias para luchar por el éxito. Originalmente, cuando mis pades se mudaron a Los Ángeles desde México, antes de que yo naciera, encontraron la discriminación. Pero no se dejaron intimidar. Durante toda mi vida continuaré imitando su valentía y sus convicciones".*

Gabriela Castelán comenzó a trabajar en la radio durante sus estudios universitarios en Humboldt State University, donde trabajó como voluntaria en la emisora de radio de su campus a principios de la década de 1970. Fue el comienzo de una carrera en radio y televión que ha durado más de 30 años. Con una licencia de radio de la Comisión Federal de Comunicaciones, una Licenciatura en Artes Dramáticas y una Maestría en Administración Pública, Gabriela ha participado en programaciones de radio y televisión importantes, y ha tomado parte en muchas innovaciones en el campo de las comunicaciones latinas. Algunos de sus logros profesionales incluyen su actuación como locutora radial en 1975 en la primera estación pública bilingüe del país, KBBF Radio, en Sacramento, California, donde actuó como corresponsal del Capitolio para California Public Radio y como productora del programa *California Week in Review* (un programa estatal organizado conforme al modelo de *Washington Week in Review*); inauguró también un noticiero radial semanal para el sistema de California State University; y participó como presentadora principal en un programa de noticias de KQED. Entre los años de

1999 y 2000, en su posición como miembro del equipo de escritores y Gerente de Mercadotecnia Latina para la organización Consumer Action en San Francisco, Gabriela asumió la responsabilidad de organizar todas las relaciones con los medios de comunicación, promoción publicitaria y mercadeo en la comunidad latina.

Como Directora de Comunicaciones para el Comité Central de la Mayoría del Senado en la Cámara Legislativa de California (1994-1996), Gabriela se hizo responsable de todas las relaciones con los medios de comunicación latinos y redactó extensos puntos de debate para los senadores estatales en favor del uso de la tecnología informativa para mejorar las comunicaciones con sus constituyentes. En cuanto a su carrera académica, ella dictó cursos sobre la producción de programas de radio y televisión en California State University, Long Beach, en 1983. En California State University, Hayward, tuvo la oportunidad en el año 2000 de compartir con estudiantes el papel de los medios de comunicación masiva en todas las sociedades. Actualmente, Gabriela Castelán dirige su propio programa de radio, titulado *La Raza Chronicles* y transmitido por KPFA en Berkeley, California. Este programa es una exploración bilingüe de noticias y temas de interés público que afectan a los latinos. El programa fue desarrollado para responder a la necesidad de difundir noticias de actualidad relacionadas con la comunidad latina que los medios de comunicación masiva no cubren en su programación. Gabriela es co-productora de un programa de radio nacionalmente sindicalizado sobre la música contemporánea de los aborígenes de la América del Norte. En colaboración con su esposo, ella es propietaria y operadora de una empresa que enfoca aplicaciones nuevas en los medios de comunicación para transmisiones por radio y en la web.

"Lo que me atrajo al periodismo por radio y televisión fue mi deseo de tener un impacto positivo sobre la sociedad. Los medios de comunicación son una fuerza poderosa que ayudan a descifrar la palabra para los televidentes, radioescuchas y lectores. Debido al renacimiento de esta industria en español, los medios de comunicación masiva ayudan a los latinos a conservar sus antecedentes culturales mientras asimilan la cultura de los anglos. Ayudan también a crear una comunidad latina alrededor del mundo. La radio, la televisión, los medios impresos y la internet nos permiten mantenernos vinculados e informados a pesar de las fronteras geográficas, y presentar una perspectiva latina en el escenario mundial de acontecimientos y valores".

p. 55

Carmen Castellano

Philanthropist/Filántropa

It is difficult to talk about Carmen Castellano in the singular. Her entire family strongly reflects the familial values maintained ever since their ancestors settled and prospered in the Watsonville area of California. Their households have always been characterized by hard work and the sharing of opportunities with others. Carmen's parents began by opening a small grocery store and a small trucking company, where the family ethic continued to prevail.

Carmen and her husband of over 40 years, Alcario Castellano, made their home in the San Jose area. With three children to raise both parents became active in their local community. While their children were in elementary and high schools, they participated in home and school clubs, and in parents' music-booster support groups. They also strongly advocated making their children's schools more diverse in terms of teachers and staff. Reflective of these efforts, the lives of their grown children have been enriched through their education in orchestral performance, political science, dance, education, and law.

When Carmen returned to work outside the home, her instinctual values continued to flourish. While working as an employee of the local university and community college, she became a founding member and President of the Latino Education Association, which defends the rights of Latino employees and supports a scholarship program for Latino students. She was also a founding member of an Affirmative Action Committee; President of the Classified Senate for several years; a founding member of the Adelante Advisory Committee;

and chair of the Adelante Program Scholarship Committee. Tirelessly, and with equal passion, she mentored college students through the Enlace Program.

Today, Carmen Castellano serves on the Executive Board of the Latino Community Foundation of San Francisco. Additionally, she serves on the board of directors of Los Lupeños de San Jose, a Mexican folkloric dance company, and on the board of the Women of Silicon Valley Donor Circle; and she is a member of the Latina Coalition of Silicon Valley. Her past involvement with community action groups included serving on the board of directors of the Chicana/Latina Foundation, the Latina Leadership Network of California Community Colleges, the Quadre Music Group, and the American GI Forum Scholarship Foundation. She is currently President of the Castellano Family Foundation, which she and her husband created to help cultivate and enrich Latino family values by promoting Latino leadership, education for Latino students, and support for Latino arts and culture.

The Castellano Family Foundation has provided Carmen and her family with additional opportunites to act personally on their beliefs. Because of their humanitarian vision and selfless efforts on behalf of others, Carmen and her husband have received many awards. They personify the ideal of using peaceful means to advance humanistic causes and goals. They have adhered to their ancestral values of hard work and sharing with others.

Hablar sobre Carmen Castellano en singular es muy difícil. Toda su familia es un reflejo fuerte de los valores que han mantenido desde que sus antepasados se establecieron y prosperaron en el área de Watsonville, California. Sus hogares se han caracterizado siempre por su dedicación al trabajo arduo y por su inclinación a compartir con otros sus oportunidades. La ética familiar continuó prevaleciendo en la pequeña tienda de víveres que los padres de Carmen establecieron y en su pequeño negocio de transporte por camiones.

Carmen y su esposo de más de 40 años, Alcario Castellano, establecieron su hogar en el área de San José. Como criaban a tres hijos, ambos comenzaron a participar activamente en su comunidad local. Mientras sus pequeños asistían a las escuelas primaria y secundaria, los esposos Castellano participaban en clubes familiares y escolares, y en grupos de padres de familia que apoyaban a varios programas musicales. Ellos se esforzaron también por lograr una mayor diversidad en el personal docente y de apoyo en las escuelas de sus hijos. Como resultado de estos esfuerzos, la vida de sus hijos como personas adultas ha reflejado la riqueza educativa obtenida a través de su participación en orquestas, su interés en la ciencia política, la danza, la pedagogía y las leyes.

Cuando Carmen volvió a trabajar fuera de su hogar, los valores de su tradición familiar continuaron floreciendo. Mientras trabajaba como empleada de la universidad y del colegio de educación superior en su comunidad, se convirtió en miembro fundador y Presidenta de la Asociación de Educación Latina, organización dedicada a defender los derechos de los empleados latinos y a apoyar un programa de becas para estudiantes de ascendencia latina. Fue también fundadora de un Comité de Acción Afirmativa y del Comité Asesor del Programa Adelante y Presidenta del Senado Clasificado, y presidió el Comité de Becas del Programa Adelante. Con la misma dedicación y de manera infatigable, ha sido mentora de estudiantes al nivel universitario a través del Programa Enlace.

En la actualidad, Carmen Castellano es miembro de la Junta Ejecutiva de la Latino Community Foundation of San Francisco. Además, forma parte de las Juntas Directivas de Los Lupeños de San José, una compañía de danza folclórica mexicana, y del Círculo de Donantes de las Mujeres de Silicon Valley. Es miembro también de la Coalición de Latinas de Silicon Valley. En el pasado, su activismo comunitario la llevó a ocupar posiciones directivas en organizaciones como la Fundación Chicana/Latina, la Red de Liderazgo para Latinas de los Colegios de Enseñanza Superior de California, del Grupo Musical Quadre y de la American GI Forum Scholarship Foundation. Ella es la Presidenta actual de la Fundación de la Familia Castellano, entidad creada por ella y por su esposo para cultivar y enriquecer los valores de la familia latina. Para lograrlo, su fundación fomenta el liderazgo, la educación, las artes y la cultura latinas.

El establecimiento de la Fundación de la Familia Castellano ha brindado a Carmen y a su familia oportunidades adicionales para poner en práctica sus convicciones personales. La visión humanitaria y los esfuerzos desinteresados por la superación de otras personas han sido galardonados con numerosos reconocimientos para Carmen Castellano y su esposo, Alcario Castellano. Este matrimonio ha personificado el ideal de utilizar medios pacíficos para hacer avanzar causas y metas humanísticas. Ellos han materializado en su vida práctica los valores ancestrales de su familia al trabajar duro y al compartir lo que tienen con otros.

p. 32

Lucha Corpi

Poet and Novelist/Poeta y Novelista

Lucha Corpi was born in Jáltipan, Veracruz, Mexico, a town with a population of two thousand, and spent her early childhood there. She credits her upbringing in this small town for fostering her creativity, love of poetry, music, and storytelling ability, and for helping her to find her voice and speak her mind. Lucha was nineteen years old when she and her husband left Mexico in 1964, and headed for Berkeley, where he enrolled at the University of California. This was also the time of the Third World Student Strike Movement. Students were demanding a curriculum that reflected the multicultural makeup of the United States, and were joining the strikes and boycotts of the Farm Workers Union and the Chicano Civil Rights Movement throughout the Southwest. Lucha Corpi felt at one with the movement. Progressive thought was in the air, and she found it exhilarating and a motive for learning English quickly. She became an activist for educational reform and social justice at that time, and began to identify herself as a Chicana, a term which embraced her Mexican cultural identity as well as her ideological stance in the United States. These experiences would one day surface in her writings.

It was as a divorced single mother that Lucha began writing poetry and fiction. In recalling the words of a grade school teacher who had encouraged her writing years before, she rediscovered two truths: that words have power, and that the rhythm of a poem can fill empty spaces. Writing poetry became an integral part of her existence, allowing her to feel centered and strong. Although lacking the emotional support of her family, who were in Mexico, she obtained two degrees in Comparative Literature: a Bachelor of Arts from the University of California at Berkeley and a Master of Arts from San Francisco State University. When asked if her poems tell of her own experiences, she stated:

> *"I have only been able to answer (that question) with generalities, for in the end the only important truth is that words have the power to communicate the ineffable; and that, as a poet, I am a language power broker."*

The poetry of Lucha Corpi, written in Spanish, has been translated into several languages, and has been published in bilingual collections. She has also written five novels in English, as well as a bilingual children's picture book. She continues to write both poetry and fiction. She has been a Laureate of Indiana University Northwest and of the San Francisco Public Library; and she is the recipient of fellowships from the National Endowment for the Arts and the Oakland Cultural Arts Division, the PEN-OAKLAND Josephine Miles Award, the Multicultural Publishers Exchange Prize, and the Latino Hall of Fame Award for best fiction. She is a co-founder, and was the first President, of the Chicano Center for Writers in Oakland, California; and she is a member of the international feminist mystery novel circle, Sisters in Crime. In 2005, she retired after 30 years of teaching in the Oakland Unified School District.

Lucha Corpi has made literature her vehicle for expression. She has created a legacy of written words that enrich and provoke human sensibilities. In the end, a little bit of Jáltipan, Veracruz, finds its way into her readers' souls.

Lucha Corpi nació en Jáltipan, Veracruz, México, una población de dos mil personas, y pasó allí los primeros años de su niñez. Ella atribuye a su crianza en este pueblo pequeño su creatividad, su amor a la poesía y a la música, y su habilidad para narrar cuentos. También considera que ese ambiente de pueblo chico la ayudó a encontrar su voz y expresar sus ideas. Lucha tenía diecinueve años de edad cuando salió de México con su esposo en 1964, para radicarse en Berkeley, donde él ingresó a la Universidad de California. Era la época del Movimiento Huelguístico de los Estudiantes del Tercer Mundo. Los estudiantes exigían planes de estudio que reflejaran la composición multicultural de los Estados Unidos, y se unían a las huelgas y los boicots del Sindicato de Trabajadores Agrícolas y al Movimiento Chicano en Defensa de los Derechos Civiles en el suroeste del país. Lucha se sintió identificada con estos movimientos de protesta. Se respiraba una atmósfera de ideas progresistas que ella consideró estimulante y que le dio incentivos para aprender el inglés con rapidez. Se convirtió en activista del movimiento en favor de las reformas educativas y de la justicia social, y comenzó a identificarse a sí misma como chicana, un término que abarcaba tanto su identidad cultural mexicana como su postura ideológica en los Estados Unidos. Estas experiencias se abrirían camino más tarde para encontrar expresión en sus escritos.

Fue como madre divorciada y soltera que Lucha comenzó a escribir poesía y obras de ficción. Recordando las palabras de uno de sus maestros en la escuela primaria que años atrás la había animado a escribir, ella redescubrió dos verdades: que las palabras tienen poder y que las cadencias de un poema son capaces de llenar vacíos. Su creatividad poética se convirtió en parte integral de su existencia, permitiéndole sentirse centrada y fuerte. Aunque alejada del apoyo emocional de su familia, que residía en México, Lucha obtuvo dos grados académicos en Literatura Comparada: una Licenciatura de la Universidad de California, Berkeley, y una Maestría de la Universidad de California, San Francisco. Cuando se le preguntó si sus poemas expresan sus experiencias personales, ella dijo:

> *"Yo sólo he podido responder (a esa pregunta) sin especificidad, porque, en último análisis, la única verdad importante es que las palabras tienen el poder para comunicar lo inefable; y que, como poeta, negocio con los valores del lenguaje".*

La poesía de Lucha Corpi, escrita en español, ha sido traducida a varios idiomas y publicada en antologías bilingües. Ella es autora también de cinco novelas escritas en inglés, y de un libro bilingüe con ilustraciones para niños. Ella continúa escribiendo poesía y obras de ficción. Ha sido Laureada de Indiana University Northwest y de la Biblioteca Pública de San Francisco; y becada de The National Endowment for the Arts y de la División de Artes Culturales de Oakland. Entre otras distinciones, ha recibido *The PEN-OAKLAND Josephine Miles Award*, *The Multicultural Publishers Exchange Prize* y *The Latino Literary Hall of Fame Award* por la mejor obra de ficción. Es co-fundadora y la primera Presidenta del Centro Chicano de Escritores en Oakland, California; y es miembro de Sisters in Crime, el círculo feminista de autoras internacionales de novelas policíacas. En el año 2005, se jubiló después de una carrera de 30 años como educadora en el Distrito Escolar Unificado de Oakland.

Lucha Corpi ha utilizado la literatura como su vehículo de expresión. Ha creado un legado de palabras escritas que enriquecen y provocan sensibilidades humanas. Al final, un trocito de Jáltipan, Veracruz, encuentra albergue en el alma de sus lectores.

p. 46

Margaret Cruz (1920-2007)

Community Activist/Activista Comunitaria

Her mother's guiding words helped define Margaret Cruz's life-long mantra:

> *"When you leave this world, you have to leave it a better place. You have to help others along the way. If you don't, then you're not doing your job."*

Margaret was born in Nogales, Arizona, in 1920, and raised in San Francisco, California. From her parents who worked for many years in the fields of California's Central Valley, she learned very early in life the value of tenacity. She always expressed her convictions by speaking directly. Margaret Cruz was a woman of many achievements and was the recipient of numerous awards and recognitions. She was the first woman to serve as President of the Mexican American Political Association (MAPA) at local, state, and national levels. She was President for three years of the League of United Latin Citizens (LULAC). She was named Most Distinguished Woman of 1994 by *Tiempo Latino News,* and designated Woman of the Year by State Senator Quentin Kopp. She was also voted Woman of the Decade by the City and County of San Francisco. She served as Vice Chair to the National Women's Political Caucus—Hispanic Caucus; and as San Francisco Advisory Board Member to the Human Rights Commission. She was introduced to eight Presidents of the United States. Because of her leadership, hundreds of thousands of dollars were raised for Latino youth scholarships, and for civic and cultural causes in the San Francisco Bay Area. As an early Chair of the Task Force Advisory Committee for the proposed San Francisco Mission District's Community College, Margaret helped fuel the campaign that, after many years, has made the College a reality.

At the age of 34, Margaret overcame the effects of polio after having been told that she would never walk again. At 62, four years after enrolling in Lincoln University in San Francisco, she obtained her degree in Immigration Law and proceeded to provide, often free of charge, legal assistance to the Latino community in the Mission District of San Francisco. Having overcome breast cancer at 66, and seeing first-hand the need for it, she established the Margaret Cruz Latina Breast Cancer Foundation of San Francisco in 1994.

> *"The cultural obstacles which cause more Latina women to die after being diagnosed with breast cancer must be addressed and conquered. It is important to facilitate access to needed support for Latinas who have been diagnosed with cancer. This is for the purpose of reducing fear and enhancing spiritual, emotional, and physical healing."*

While Margaret's direct style of presentation was known to make some people uncomfortable, it was this very style of delivery, punctuated with flair and humor, that made her a sought-after presenter at many functions. She always allowed her strong intuitive feelings and religious beliefs to guide her thoughts and actions. When addressing civic leaders in a public forum about the proposed closure of a hospital that serves many low-income community members, she chastised those who failed to put themselves in the place of patients who would be affected by the hospital closure: "Someday, when you are in need of medical care, I hope your hospital has not been closed down!" Margaret Cruz has been called "majestic," "undefeatable," "a powerhouse"—all descriptions befitting a woman whose quests were undertaken to make a better, more just world. A favorite quote of hers was from Robert Kennedy: "When you find a need, *fill it!*" Margaret Cruz liked to add, "and always remember to give '*¡Gracias a la Vida!*'" (Thanks to Life!)

El mantra que guió a Margaret Cruz durante su vida se resume en las palabras de su madre:

"Al salir de este mundo, deberás dejar tras de ti un mundo mejor. A lo largo del camino, deberás ayudar a otros. Si no lo haces, no cumplirás con tu deber".

Margaret nació en Nogales, Arizona, en el año 1920, y se crió en San Francisco, California. De sus padres, trabajadores del campo por muchos años en el Valle Central de California, ella asimiló el valor de la tenacidad en la vida. Siempre expresó sus convicciones con un lenguaje directo. Por su tenacidad, Margaret Cruz obtuvo muchos logros, por los cuales fue honrada con numeros premios y reconocimientos. Fue la primera mujer en asumir la presidencia de la Asociación Política Mexicano-Americana (MAPA), una organización que opera a nivel local, estatal y nacional. Durante tres años, ocupó la presidencia de la Liga de Ciudadanos Latinos Unidos (LULAC). Fue nombrada *Most Distinguished Woman of 1994* por *Tiempo Latino News,* designada *Woman of the Year* por el Senador estatal Quentin Kopp y elegida como *Woman of the Decade* por la Ciudad y Condado de San Francisco. Actuó como Vicepresidenta del Bloque Político de Mujeres a nivel nacional en representación de mujeres hispanas; también representó a San Francisco como miembro de la Junta Asesora de la Comisión sobre Derechos Humanos. Fue formalmente presentada ante ocho Presidentes de los Estados Unidos. Debido a su liderazgo, se recaudaron cientos de miles de dólares para la creación de becas en beneficio de jóvenes latinos, y para causas cívicas y culturales en el Área de la Bahía de San Francisco. Como una de las primeras Presidentas del Comité Asesor del Grupo de Trabajo para la creación del Colegio de Educación Superior del Distrito de la Misión en San Francisco, Margaret apoyó la campaña que, después de muchos años, convirtió en realidad a la institución.

A la edad de 34 años, Margaret superó los efectos del polio después de recibir el diagnóstico de que jamás volvería a caminar. A los 62 años, cuatro años después de ingresar en Lincoln University, en San Francisco, obtuvo su grado legal con especialidad en Leyes de Inmigración y procedió a ofrecer ayuda legal, con frecuencia gratis, a la comunidad latina del Distrito de la Misión en San Francisco. A los 66 años, y después de recuperarse de un cáncer del pecho y de experimentar con su propio caso la necesidad de su creación, ella estableció la Margaret Cruz Latina Breast Cancer Foundation de San Francisco en 1994.

"Los obstáculos culturales que causan la muerte de muchas mujeres latinas que han recibido un diagnóstico de cáncer del pecho deben enfocarse y vencerse. Es importante facilitar el acceso al apoyo que necesitan las latinas que han recibido este diagnóstico. Esto es necesario para reducir el miedo y fortalecer la recuperación espiritual, emocional y física".

Aunque se reconoce que el estilo directo de Margaret incomodaba a algunas personas, fue precisamente este estilo, salpicado de gracia y humor, el que creó su atractivo para las numerosas invitaciones que recibió como expositora en presentaciones públicas. Sus pensamientos y acciones fueron guiados siempre por sus intuiciones fuertes y sus firmes creencias religiosas. Cuando se dirigía a líderes cívicos en debates públicos acerca del cierre de una institución hospitalaria que presta servicios a comunidades de bajos ingresos, ella castigó a quienes eran incapaces de ponerse en el lugar de los pacientes que serían afectados por tales decisiones: "Algún día, cuando se vean en la necesidad de recibir atención médica, ¡espero que su hospital no haya cerrado sus puertas!" Margaret Cruz ha sido calificada de "majestuosa", "inconquistable", "energética" —todas descripciones adecuadas de una mujer que emprendió sus luchas para crear un mundo mejor, un mundo más justo. Una de sus citas favoritas fue de Robert Kennedy: "Cuando encuentras una necesidad, ¡*llénala*!" A lo cual Margaret Cruz añadía, "y nunca te olvides de darle '¡Gracias a la Vida!'"

p. 41

Antonia Darder

Educator and Writer/Educadora y Escritora

Antonia Darder is a *boricua* (she was born in Puerto Rico), and was raised in East Los Angeles from the age of three. Mirroring her mother's struggles on behalf of her family, Antonia struggled against poverty as a young single mother with three of her own children. While raising her children, she enrolled at Pasadena City College to begin her college education. Seventeen years later, after attending California State University in Los Angeles and Pacific Oaks College in Pasadena, she earned her Doctorate in Education from Claremont Graduate University. Antonia went on to become a Professor of Education and Cultural Studies at Claremont Graduate University, and Director of the Institute for Cultural Studies in Educvvation. She also taught at Pacific Oaks College, where she developed the first graduate program in Bicultural Development. In addition, she has taught at California Polytechnic University and at the Massachusetts Institute of Technology, and has been a Distinguished Professor at New Mexico State University, Las Cruces. Currently, she is a Professor in the Department of Educational Policy Studies at the University of Illinois at Urbana-Champaign. Her teaching examines cultural issues in education, with an emphasis on identity, language, and popular culture, as well as the foundations of critical pedagogy, Latino studies, and social justice theory.

Antonia is the author of several books, including *Culture and Power in the Classroom* (Bergin & Garvey); and *Reinventing Paulo Freire: A Pedagogy of Love* (Westview), which was named Outstanding Book in Curriculum for 2001-2002 by the American Educational Research Association. She is co-author of *After Race: Racism after Multiculturalism* (NYU Press), and *Living a Pedagogy of Love: Paulo Freire in Practice* (Westview). She is the editor of *Culture and Difference* (Bergin & Garvey), and co-editor of *Latinos and Education: A Critical Reader* (Routledge); *The Latino Studies Reader: Culture, Economy and Society* (Blackwell), *Latinos and Education* (Routledge); *The Latino Studies Reader: Culture, Economy and Society* (Blackwell); and *The Critical Pedagogy Reader* (Routledge), a featured text at the 2005 Sociology of Teaching and Learning Annual International Conference in London. Antonia edited "Reflexiones Pedagógicas," a section of the *Latino Studies Journal,* and is a member of the editorial Board of *New Political Science.* As a scholar of the Tomás Rivera Policy Institute, she authored a report titled "The Policies and the Promise: The Public Schooling of Latino Children"; and as the recipient of a Kellogg National Fellowship, she studied the education and culture of indigenous children in the Andes.

Antonia Darder is not only an academician. She is a political activist who has promoted educational rights, bilingual education, and the rights of workers, women, and immigrants. Her poetry embraces reflection and new consciousness. In 1998, she convened educators from across the state to establish the California Consortium of Critical Educators (CCCE), a progressive social organization committed to an educational vision of social justice, human rights, and economic democracy. In every area of her life, Antonia Darder feels the need to provide an integrated understanding that will bring forth a mature perspective and response. The basis of her thought is built from her "kaleidoscopic rearrangements of knowledge, experiences, loves, and dislikes to clear the waves of confusion so as to open the channels toward clearer waters."

Antonia Darder es una borícua (nacida en Puerto Rico) y se crió en el Este de Los Ángeles desde la edad de tres años. Reflejando las luchas de su madre por su familia, Antonia batalló contra la pobreza como madre joven y soltera con tres hijos. Mientras criaba a su familia, se matriculó en Pasadena City College para dar inicio a su formación universitaria. Diecisiete años más tarde, después de cursar estudios en California State University, Los Ángeles, y Pacific Oaks College, Pasadena, obtuvo su Doctorado en Pedagogía de Claremont Graduate University. Luego, fue nombrada Profesora de Pedagogía y de Estudios Culturales y Directora del Instituto para

Estudios Culturales en Pedagogía en esta universidad. Dictó clases también en Pacific Oaks College, donde desarrolló el primer programa de postgrado en Desarrollo Bicultural. Además, ha enseñado en California Polytechnic University y en Massachusetts Institute of Technology, y ocupó el cargo de Profesora Distinguida en New Mexico State University, Las Cruces. Actualmente, es Profesora en el Departamento de Estudios sobre Políticas Pedagógicas de la Universidad de Illinois, Urbana-Champaign. Sus enseñanzas examinan temas educativos relacionados con la cultura, con énfasis en la identidad, el lenguaje y la cultura popular, así como también los fundamentos de la pedagogía crítica, estudios latinos y la teoría de la justicia social.

Antonia es autora de varios libros, entre ellos: *Culture and Power in the Classroom* (Bergin & Garvey); y *Reinventing Paulo Freire: A Pedagogy of Love* (Westview), el cual fue seleccionado como Libro Sobresaliente en Currículo para el año académico 2001-2002 por la Asociación Americana de Investigaciones Pedagógicas. Es además co-autora de *After Race: Racism after Multiculturalism* (NYU Press), y *Living a Pedagogy of Love: Paulo Freire in Practice* (Westview). Es la editora de *Culture and Difference* (Bergin & Garvey) y co-editora de *Latinos and Education: A Critical Reader* (Routledge); *The Latino Studies Reader: Culture, Economy and Society* (Blackwell); *Latinos and Education* (Routledge); *The Latino Studies Reader: Culture, Economy and Society* (Blackwell); y *The Critical Pedagogy Reader* (Routledge), libro de texto seleccionado en el año 2005 por la Conferencia Internacional Anual de la Sociología de la Enseñanza celebrada en Londres. Antonia editó "Reflexiones Pedagógicas," una sección de la revista *Latino Studies Journal*, y es miembro de la Junta Editorial de *New Political Science*. Como académica e investigadora del Instituto de Política Tomás Rivera, Antonia escribió un ensayo titulado *"The Policies and the Promise: The Public Schooling of Latino Children"*; y con una beca nacional de investigación de la Fundación Kellogg, estudió la educación y la cultura de los niños indígenas de los Andes.

Antonia Darder no se ocupa exclusivamente de asuntos académicos. Como activista política, ha fomentado los derechos educacionales, la educación bilingüe y los derechos de los trabajadores, las mujeres y los inmigrantes. Su poesía invita a reflexionar y a crear conciencia. En 1998, reunió a los educadores de todo el estado para establecer el California Consortium of Critical Educators (CCCE), una entidad progresista comprometida a fomentar una visión educacional orientada hacia la justicia social, los derechos humanos y la democracia económica. En cada área de su vida, Antonia Darder siente la necesidad de ofrecer una comprensión integral que dé fruto en perspectivas y reacciones maduras. El fundamento de sus ideas se construye a partir de sus "reorganizaciones caleidoscópicas de conocimientos, experiencias, aficiones y antagonismos para clarificar las ondas de confusión con el fin de abrir los canales hacia aguas más claras".

p. 37

Diana Nancy Acosta De León

Health Educator and Advocate/Educadora y Defensora de la Salud

Diana Nancy A. De León has dedicated her life to improving the health, education, and social welfare of communities most in need. She has a Master's degree in Public Health from the University of California, Berkeley, with emphasis in Health Education, and a Bachelor of Arts in Spanish from the University of California, Irvine.

Diana has an early recollection of the natural quality of growing up bicultural and bilingual in Indio, California. The first-born of parents who had come from northern Mexico, she learned Spanish as her first language, paving the way for a bicultural identity.

> *"I feel very fortunate that my parents gave me the gift of the Latino culture and being raised within a diverse multicultural community. I love the fact that I grew up embracing our multicultural differences and sameness."*

As a result of her upbringing, Diana has been able to approach societal issues with a broadened perspective. When she learns of health, educational, or societal disparities affecting communities in need, she is compelled to respond. Diana has often inspired others to advocate measures to improve the lives of members of their communities. Many students mentored at various levels under her direction have used their knowledge in service to our communities.

Diana has worked in public health programs benefiting the Los Angeles area. She has worked for several health programs sponsored by the Los Angeles County Department of Health Services and Public Health, including the Child Health and Disability Prevention Program (CHDP), the Community Health Plan (CHP), the Tuberculosis Control Program, and the Office of Women's Health. For five years, she worked as a member of the Health Education Faculty at White Memorial Medical Center Family Practice Residency Program, developing Health Education and Community curricula. Since 1988, seven physicians committed to working in underserved communities have graduated every year through the Residency Program.

At the national level, Diana volunteered for more than five years at the Centers for Disease Control and Prevention, and with the National Diabetes Education Program at the National Institute of Health. As Coordinator for the National Council of La Raza (NCLR), she developed a community training program for the prevention of chronic diseases. NCLR is the largest private non-profit organization in the United States that focuses on Latino issues. With Congressional funding, Diana developed a program of health aids. Through her dedication she continues to serve the community by providing her expertise and support to a variety of health promotion programs, such as the Multicultural Area Health Education Center and other community-based organizations. She is a founding member, and was elected the first President, of the Latino Community Diabetes Council.

For more than three and half years, Diana served as interim Director/Manager of Health Promotion Services for the Los Angeles Care Health Plan in Los Angeles. In this capacity, she managed health education services affecting the lives of over 750,000 people through California's Medi-Cal, Healthy Families, and Healthy Kids Programs, and through her support of community health education development initiatives. Her focus was to develop a team that fostered "consistent caring and respect" as the foundation for collaboration and partnership across complex health-care systems, to ensure the delivery of appropriate quality health care services in adherence to federal and state regulations and contractual agreements. Diana continues to serve multi-cultural communities as an expert and consultant in public health advocacy, community affairs, and health education programs.

As a mother of two children, Diana Nancy Acosta De León continues the multicultural tradition of her family. She believes that respect for other cultures and working to understand them is the foundation for an increased awareness of responsibility. Her expanded world vision embraces the concept of justice, health, and well-being for all.

Diana Nancy Acosta De León ha dedicado su vida a mejorar la salud, la educación y el bienestar social de las comunidades más necesitadas. Ella posee una Maestría en Salud Pública de la Universidad de California, Berkeley, con especialización en Educación para la Salud. Posee también una Licenciatura en español de la Universidad de California, Irvine.

Diana recuerda la naturalidad de su crianza en un ambiente bicultural y bilingüe en Indio, California. La primera hija de padres procedentes del norte de México, aprendió primero el español, estableciendo la base para su identidad bicultural.

> *"Me siento muy afortunada porque de mis padres recibí el regalo de la cultura latina y porque me criaron en una comunidad diversa y multicultural. Estoy encantada de haber crecido rodeada de diferencias multiculturales que al mismo tiempo nos daban un sentido de igualdad".*

Como resultado de su crianza, Diana pudo enfocar la problemática social desde una perspectiva amplia. Cuando se entera de las disparidades relacionadas con la salud, la educación y la sociedad que afectan a las comunidades necesitadas, siente la obligación de reaccionar ante ellas. Diana ha inspirado a otros para que adopten y defiendan medidas para mejorar la vida de los miembros de sus comunidades. Muchos de sus estudiantes, orientados bajo su tutela en diversos niveles de su formación, han puesto sus conocimientos al servicio de nuestras comunidades.

Diana ha laborado en programas de salud pública para el beneficio del área de Los Ángeles. Ha trabajado en una diversidad de programas de salud pública patrocinados por el Departamento de Servicios para la Salud y de Salud Pública del Condado de Los Ángeles, inclusive el Programa para la Salud Infantil y la Prevención de Discapacidades; el Plan de Salud de la Comunidad; el Programa para el Control de la Tuberculosis; y la Oficina para la Salud de la Mujer. Durante cinco años, trabajó como miembro de la facultad de Educación para la Salud del White Memorial Medical Center Family Practice Residency Program, donde desarrolló planes de estudios de Educación para la Salud en la Comunidad. Cada año, a partir de 1988, siete médicos comprometidos a ejercer en comunidades con servicios deficientes se gradúan a través del Residency Program.

Al nivel nacional, Diana ofreció sus servicios como voluntaria durante más de cinco años en el Centro para el Control y la Prevención de Enfermedades y en el Programa Nacional de Educación sobre la Diabetes del Instituto Nacional de Salud. Como Coordinadora del Consejo Nacional de La Raza (NCLR), ella desarrolló un programa de capacitación comunitaria para la prevención de enfermedades crónicas. NCLR es la organización con fines no lucrativos más grande de los Estados Unidos dedicada a enfocar problemas relacionados con los latinos. Con financiamiento del Congreso, Diana desarrolló un programa de productos para la salud. Con dedicación, ella continúa prestando servicios a la comunidad, ofreciendo sus conocimientos y experiencia en apoyo de una variedad de programas para la salud, como el Multicultural Area Health Education Center y otras entidades basadas en la comunidad. Fue miembro fundadora y la primera Presidenta del Latino Community Diabetes Council.

Por más de tres años y medio, Diana actuó como Directora/Gerente del programa de Promoción de Servicios para la Salud de Los Angeles Care Health Plan. En esta capacidad, administró servicios de educación para la salud que afectaron a más de 750,000 participantes en los programas de Medi-Cal, Healthy Families y Healthy Kids en California. Su enfoque consistió en desarrollar un equipo que fomentara "atención y respeto consistentes" como la base de esfuerzos colaborativos entre sistemas complejos de atención para la salud, con el fin de asegurar servicios de calidad en conformidad con regulaciones estatales y federales, y con acuerdos contractuales. Diana continúa sirviendo a las comunidades multiculturales como asesora experta en defensa de la salud pública, en asuntos de la comunidad y en programas educativos.

Como la madre de dos hijos, Diana Nancy Acosta De León ha continuado la tradición multicultural de su familia. Ella considera que el respeto hacia otras culturas y el esfuerzo por comprenderlas es la base para crear un mayor sentido de responsabilidad. Su visión amplia del mundo abarca el concepto de justicia, salud y bienestar para todos.

p. 26

Guadalupe Fierro

Health Advocate/Defensora de la Salud

Guadalupe Fierro brings to her work as Program Coordinator for the California Office of Binational Border Health (COBBH) a Mexican-American rural and cultural background acquired in California's Imperial County. Never far from her heart is the importance of advocating health care services for communities.

Guadalupe feels that she is perfectly placed in her position, where she facilitates contacts between medical personnel on both sides of the border dividing the United States from Mexico who are working to resolve health issues of mutual concern. Having grown up seeing the results of the misuse of pesticides on farming communities, and understanding perfectly that communicable diseases know no borders and that environmental issues require stewardship by all, Guadalupe applies her personal beliefs to her professional work. The California Office of Binational Border Health promotes the development of common understanding and vision in the two countries when they are called upon to work together on health issues. Established in January, 2000, COBBH facilitates communication and collaboration between California and Mexico in developing binational health strategies along the border and in border-impact regions throughout California. Guadalupe's primary responsibilities are to establish, promote, and support binational border projects to improve health conditions for California residents through communicable disease control, environmental/occupational health and safety, substance abuse prevention, maternal and child care, binational emergency services, and data infrastructure development.

At times, when Guadalupe's work becomes complex and difficult, when she addresses not only the virtues of various health systems but also the gaps within and between them, she finds strength from successes obtained and from seeing how the investment made in health by one community affects the other as well. "Making the difference" is what Guadalupe Fierro likes to say. "I feel privileged that my work has social meaning and that I can be part of the solution." She has worked extensively in developing, instituting, and monitoring health programs. She has coordinated various collaborative projects and established three school-based family resource centers that provide comprehensive health services to youth and families in Imperial County; and she serves on several community-based advisory boards. Guadalupe lives in San Diego with her three children.

Having grown up Latina in a rural agricultural area, with farming parents who struggled financially yet instilled the value of optimism in their children, Guadalupe Fierro mirrors her parents' outlook. She remains hopeful for, and works toward, a more global approach to meeting social and health needs.

"I envision a world with equal access to healthy living for all, in the full sense of the words. My part in these efforts is the inheritance I give to my children, their children, and all children."

Guadalupe Fierro incorpora a su trabajo como Coordinardora del Programa para la Oficina de Salud Fronteriza Binacional de California (COBBH) sus antecedentes culturales y agrícolas mexicano-americanos, adquiridos en el Condado de Imperial del estado de California. Ella nunca pierde de vista la importancia de defender los servicios de atención médica en las comunidades.

Guadalupe considera que está perfectamente ubicada en su cargo, donde ella facilita contactos entre el personal médico en ambos lados de la frontera de los Estados Unidos y México para que colaboren en la resolución de asuntos de salud concernientes a ambos países. Después de haberse criado observando el mal uso de los pesticidas en las comunidades agrícolas, y comprendiendo con claridad que las enfermedades contagiosas no reconocen fronteras y que los problemas ambientales exigen un buen manejo por parte de todos, Guadalupe realiza su trabajo profesional aplicando sus convicciones personales. La Oficina de Salud Fronteriza Binacional de California fomenta el desarrollo de una comprensión y una visión compartida entre los dos países cuando reciben el llamado de trabajar juntos en materia de salud pública. Establecida en el año 2000, COBBH facilita las comunicaciones y la colaboración entre California y México para el desarrollo de estrategias binacionales a lo largo de la frontera y en regiones impactadas por la frontera en toda California. La responsabilidad primordial de Guadalupe consiste en establecer, fomentar y apoyar proyectos fronterizos binacionales para mejorar las condiciones de salud de los residentes de California a través del control de enfermedades contagiosas, la salud y la seguridad ambiental y ocupacional, la prevención del abuso de sustancias controladas, servicios de atención médica para las madres y sus hijos, servicios de urgencia binacionales y el desarrollo de una infraestructura para el manejo de datos.

A veces, cuando el trabajo de Guadalupe se hace complejo y difícil, cuando analiza no solamente las virtudes de los distintos sistema de salud sino también sus lagunas internas y externas, ella se fortalece contemplando los éxitos obtenidos y observando cómo la inversión realizada en favor de la salud de una comunidad extiende sus beneficios también a otras comunidades. "Mejorar la situación de otros" es lo que a Guadalupe le gusta decir. "Me siento privilegiada al ver que mis esfuerzos poseen una trascendencia social y que yo puedo formar parte de la solución". Su labor se ha realizado extensamente en la creación, el desarrollo y la supervisión de programas para la salud. Ha coordinado varios proyectos colaborativos y establecido tres centros de recursos para familias basados en escuelas, los cuales ofrecen servicios comprensivos a jóvenes y familias en el Condado de Imperial. También ha prestado servicios en varias juntas asesoras basadas en la comunidad. Guadalupe vive en San Diego con sus tres hijos.

Habiéndose criado latina en un área rural dedicada a la agricultura, con padres agricultores cuyos medios económicos eran escasos pero quienes lograron, sin embargo, inculcar el optimismo a todos sus hijos, Guadalupe Fierro refleja la actitud de sus padres. Mantiene sus esperanzas y trabaja incansablemente para lograr soluciones globales que satisfagan la salud y las necesidades sociales.

"Yo vislumbro un mundo con igualdad de acceso a una vida sana para todos, en todo el sentido de la palabra. Mi contribución a este esfuerzo es la herencia que ofrezco a mis hijos, a los hijos de sus hijos y a todos los niños"

p. 17

Gloria Flores-García

Health Promoter/Promotora de la Salud

There is a driving force in Gloria Flores-Garcia that combines a spirit of engagement with compassion and is therefore soft and natural, but a source of great determination. These elements in her character have gained her the respect and esteem of those with whom she works as well as those who receive the benefits of her work.

Gloria was born in Phoenix, Arizona, and raised in Richmond, California, in a low-income neighborhood with many families of color. Though the early years were difficult in many ways, they provided her with a healthy sense of her neighbors and herself. This was fortified by both of her parents, who maintained a positive and appreciative outlook toward their surroundings, their neighbors, and life in general. From very early on, Gloria learned from her mother the Latino way of being polite, and of treating others with respect, care, and social grace. As a young person, Gloria was exposed to classical music, Mexican popular music, church choir singing, and rhythm and blues music, all of which helped her to appreciate music and artists on a wide scale. She learned to play the piano and violin because her mother believed that by exposing children to a rich variety of experiences, she would help them to become good citizens. This was the legacy left to Gloria by her mother, who later became an activist herself. All of these experiences added to her personal formation. Gloria went on to college, preparing herself for her professional work on behalf of social justice.

Gloria Flores-Garcia is Director of Nuestro Canto de Salud (Our Song of Health), a community project that promotes health education, outreach, and diabetes case management for Latinos and underserved communities. "The name comes from envisioning all members of a community as having a role in the rhythm and harmony of their community." It is Gloria's belief that when individuals are engaged in playing a communal role, their perspective is enlarged and they become more powerful. In keeping with these beliefs, the program she directs promotes health and disease prevention by cultivating active participation in decision-making that effects the lives of community members.

Gloria has been an active board member of the Chicana/Latina Foundation, which promotes the empowerment of young Chicanas and Latinas through leadership, education, and professional opportunities which will encourage them to realize their potential as community activists and leaders.

Even after over 30 years of community work, Gloria remains strongly focused. She has successfully drawn on her cultural roots to guide her efforts. Over the years, she has volunteered as a board member for many non-profit organizations, and has received numerous awards and recognitions for her commitments. She is a recipient of the San Francisco Bay Area Local Hero Award in observation of KQED's Hispanic Heritage month, and has also received the Local Hero Award from the Peninsula Interfaith Action Foundation. Because of the fundamental values Gloria Flores-Garcia assimilated many years ago in her home, she recognizes respect, harmony, and self-appreciation as the bases for local and worldwide solutions.

Hay un impulso vital que motiva a Gloria Flores-García en el que se combina un espíritu de participación con la compasión. Es un impulso suave, natural y también una fuente de gran determinación. Estos elementos de su personalidad le han ganado el respeto y la estimación tanto de las personas con quienes trabaja como de quienes reciben el beneficio de su trabajo.

Gloria nació en la ciudad de Phoenix, en el estado de Arizona, y se crió en Richmond, California, en un barrio de bajos ingresos con muchas familias de minorías étnicas. Aunque los años de su niñez y de su juventud fueron difíciles, este período de su vida le confirió un sentido sano de quiénes eran sus vecinos y de quién era ella misma. Este sentido lo reforzaron su padre y su madre, quienes mantuvieron una actitud positiva y de aprecio por el medio en que vivían, por sus vecinos y por la vida en general. Desde una edad muy temprana, Gloria aprendió de su madre la manera latina de ser "educada" y de tratar a otros con respeto, consideración y gracia social. En su juventud, Gloria fue expuesta a la música clásica, a la música popular mexicana, a los cantos de coros litúrgicos, y a la música *rhythm and blues*. Todo ello la ayudó a apreciar una amplia gama de música y de artistas. Aprendió a tocar el piano y el violín porque su madre tenía la convicción de que al exponer a sus hijos a una rica variedad de experiencias musicales esto les ayudaría a crecer como buenos ciudadanos. Ése fue el legado cultural que Gloria recibió de su madre, quien después se convirtió ella misma en una activista social. Todas estas experiencias contribuyeron a su formación personal. Gloria adquirió su formación universitaria preparándose para una labor profesional en favor de la justicia social.

Gloria Flores-García es la Directora de Nuestro Canto de Salud, un proyecto comunitario que fomenta la educación para la salud, la divulgación de información y el manejo de casos de diabetes para personas latinas en comunidades con servicios deficientes. "El nombre de nuestra organización se deriva de nuestra percepción de todos los miembros de la comunidad como parte del ritmo y la armonía de su entorno social". Gloria cree que cuando las personas individuales desempeñan un papel comunitario, su perspectiva se amplía y alcanza un mayor poder. En conformidad con su convicciones, el programa que ella dirige fomenta la salud y la prevención de enfermedades mediante el cultivo de la participación activa en el proceso de tomar decisiones colectivas.

Gloria ha participado activamente como miembro de la Fundación Chicana/Latina, la cual fomenta la adquisición de poder por parte de jóvenes chicanas y latinas por medio del liderazgo, la educación y oportunidades profesionales que las animen a realizar su potencial como activistas y líderes

Aun después de 30 años de labor comunitaria, el enfoque de Gloria permanece firme. Sus esfuerzos han sido guiados hacia el éxito por sus raíces culturales. A través de los años, ha servido como voluntaria en las juntas directivas de numerosas organizaciones sin fines de lucro y ha sido honrada con una variedad de distinciones por sus aportaciones a estas organizaciones. Durante la celebración del Mes de la Herencia Cultural Hispana de KQED, recibió el título honorífico de Heroína Local del Área de la Bahía de San Francisco; recibió también una distinción similar de la Peninsula Interfaith Action Foundation. Por los valores fundamentales que Gloria Flores-García asimiló hace muchos años en su hogar, ella reconoce el respeto, la armonía y el aprecio propio como bases para encontrar soluciones a problemas locales y a problemas mundiales.

p. 20

Teresa Foster

Community Activist/Activista Comunitaria

When agricultural field workers in California's Napa Valley are in need of help and professional guidance, they know they can count on Teresa Foster, immigration specialist and community activist. For almost twenty years, Teresa has opened her heart and offered her expertise to those most in need, addressing their needs with respect and a strong sense of family:

> *"I know their pain. They are separated from their families, their work is hard and often under- appreciated, and often they do not know the solution to their problems. They work in the field, and I work in an office, but we share a culture—I know who they are, they know who I am."*

Foster was born, raised, and married in Mexico City. Shortly after their wedding, she and her husband settled in Napa, California, in the early 1980's. Experienced in immigration issues, and responding to the needs she saw in a high number of Latino agricultural workers, Teresa began providing help to the community by starting her own business.

Meeting with clients takes place in the early morning, sometimes in the middle of fields, as workers may not be able to take time off on a particular day. It is through her dauntless work that Teresa has distinguished herself as a leader in the community, and as a defender of Latino people and their culture. She extends her community advocacy by involving herself in other matters that affect the well-being of community members. She began writing a bilingual (Spanish and English) information column called *Cruzando la Línea* (*Crossing the Line*), in which she explores immigration questions and problems, for her local newspaper, *The Napa Valley Register*. The column was picked up almost immediately by seven other newspapers in California. Teresa co-hosts a weekly TV program and has a talk show on two radio stations. Her focus is to inform, educate, and encourage her Latino community. In striving to balance the lack of positive images presented in the local newspapers about Latinos, she inaugurated the Latino Student of the Month Program. Latino students who earn scholastic awards are photographed and featured monthly in the newspaper. To complement the young people's achievements, Teresa works with a local Latino organization, The Hispanic Network, to provide college scholarship funds for deserving high school students.

Teresa Foster's future plans include expanding these forums to reach everyone in the Napa Valley, in order to help increase understanding and appreciation of agricultural workers and their communities. She works toward the day when the working conditions and life of agricultural workers parallel the successes they have brought to the agricultural industry. Teresa Foster represents the women of today—thoughtful, responsive, motivating, and always ready to meet the next challenge.

Cuando los trabajadores agrícolas de Napa Valley en California necesitan ayuda y consejos profesionales, ellos saben que pueden confiar en Teresa Foster, especialista en asuntos de inmigración y activista comunitaria. Durante casi dos décadas, Teresa ha abierto su corazón y extendido la ayuda de sus conocimientos a las personas más necesitadas, asesorándolas para resolver sus problemas con respeto y un fuerte sentido de familia:

"Conozco sus dolores. Sufren la separación de sus familias. Su trabajo es arduo y poco apreciado, y con frecuencia ellos desconocen la manera de resolver sus problemas. Ellos trabajan en los campos y yo trabajo en una oficina, pero compartimos una cultura. Yo sé quiénes son ellos y ellos saben quién soy yo".

Teresa nació, se crió y se casó en el Distrito Federal de México. Poco después de su matrimonio, ella y su esposo se establecieron en Napa, California, a comienzos de la década de 1980. Con su experiencia en asuntos de inmigración y ante las necesidades que observaba en numerosos trabajadores agrícolas latinos, Teresa comenzó a ofrecer ayuda a la comunidad estableciendo su propia empresa.

Sus reuniones con clientes se realizan muy de mañana, a veces en el medio de campos agrícolas, porque los trabajadores no pueden ausentarse de su trabajo en un día determinado. Ha sido a través de la intrepidez con que realiza su trabajo que Teresa ha logrado distinguirse como líder comunitaria y como defensora de los latinos y de su cultura. Sus servicios en defensa de la comunidad abarcan una diversidad de asuntos que afectan el bienestar de sus miembros. Comenzó por escribir en su periódico local, *The Napa Valley Register*, una columna bilingüe en español y en inglés titulada *Cruzando la Línea* (*Crossing the Line*), en la cual explora asuntos y problemas relacionados con la inmigración. Esta columna periodística fue publicada casi de inmediato en siete periódicos más en California. Teresa actúa como co-presentadora de un programa semanal de televisión y tiene su propio programa de comentarios en dos estaciones de radiodifusión. Su propósito es informar, educar y animar a la comunidad latina. En un esfuerzo por equilibrar la falta de imágenes positivas de los latinos en los periódicos locales, Teresa inauguró un programa titulado El Estudiante Latino del Mes. En este programa, las fotografías de estudiantes latinos que han recibido premios académicos aparecen en el periódico con entrevistas una vez al mes. Para complementar los éxitos logrados por estos jóvenes latinos, Teresa colabora con una organización local llamada La Red Hispana, la cual ofrece a estudiantes latinos meritorios de las escuelas secundarias becas para continuar sus estudios en instituciones de educación superior.

Los planes de Teresa Foster para el futuro incluyen la expansión de estos foros para que cubran a toda el área de Napa Valley, con el fin de aumentar la comprensión y el aprecio de los trabajadores agrícolas y sus comunidades. Ella trabaja para lograr que algún día las condiciones laborales y la vida de los trabajadores agrícolas reflejen los éxitos de la industria agrícola de la región a los que ellos han contribuido. Teresa Foster representa a la mujer moderna —considerada, sensitiva, inspiradora y siempre lista para enfrentar el próximo desafío.

p. 31

Jane García

Health Advocate/Defensora de la Salud

Jane Garcia has been Chief Executive Officer of La Clinica de La Raza since 1983. Started in 1971 as a grass roots project by community members and university students in a storefront in the heart of the Latino community in Oakland, California, La Clinica is a testimony to the foresight of those early advocates and to sustained executive leadership. For more than a quarter of a century:

"La Clinica has been delivering quality, affordable, culturally and linguistically appropriate health care to thousands of people. La Clinica has meant the difference between getting care or going without for many residents."

As Chief Executive Officer, Jane Garcia has transformed La Clinica into a community center that serves over 17,000 families. With over 300 staff members, it has been deemed the largest employer in East Oakland. Under Jane's leadership, La Clinica has received statewide and national recognition. Kaiser Permanente, the largest nonprofit healthcare organization in the United States, awarded La Clinica its first Pacesetter Award under its Children's Health and Safety Program.

Jane is an advocate and activist with a passion for the provision of health care for all residents of the community, without regard to income or immigrant status. During the U.S. Federal Government's proposed Welfare Reform Program and the Immigration Reform Program, she was often referred to as a spokesperson who could describe the impact each of these policies would have on under-served communities. She advocated preserving the provision of prenatal care for immigrant women and her efforts were successful in the continuation of California's program.

Jane has received numerous awards for her commitment to preserving community health, including: the Common Cause Award for Public Service Achievement; the Public Policy Award from the Prenatal Network of Alameda/Contra Costa Counties, and the Equal Rights Advocates Award "for her continuing success in seeing that every woman, man, and child has access to culturally and linguistically appropriate health care regardless of the ability to pay." Her colleagues elected her to an unprecedented three-year term as President of the California Primary Care Association, the statewide coalition of community health centers. She is currently President of the Community Health Center Network, and serves on the Board of Directors of the Alta Bates Summit Medical Center of the East Bay and on the Board of Directors of California Kids.

Jane recalls that, even during her days as a student at Yale University and the University of California, Berkeley, she was intolerant of injustice and human suffering. These were the early seeds that gave direction to her life's work. Under Jane Garcia's leadership, community advocacy produces a rich harvest through La Clinica de La Raza.

Jane García ha ocupado el cargo de Directora Ejecutiva de La Clínica de La Raza desde 1983. En 1971, esta clínica abrió sus puertas en el corazón de la comunidad latina de Oakland, California, como un proyecto originado por miembros de la comunidad y estudiantes universitarios. La Clínica es un testimonio elocuente de la visión de los organizadores y del esfuerzo sostenido de sus líderes. Durante más de un cuarto de siglo:

> *"La Clinica ha estado ofreciendo servicios de calidad para la salud a precios económicos y con sensibilidad lingüística y cultural a miles de personas. La Clinica ha ofrecido a muchos de los residentes del área acceso a servicios de salud que de otra manera no tendrían".*

Como Directora Ejecutiva de La Clínica, Jane la ha transformado en un centro comunitario que presta servicios a más de 17,000 familias. Dotada de un personal de más de 300 miembros, La Clínica se ha considerado uno de los principales empleadores en el Este de Oakland. Bajo el liderazgo de Jane, La Clínica ha recibido reconocimientos a nivel estatal y nacional. Kaiser Permanente, la organización de servicios para la salud sin fines de lucro más grande de los Estados Unidos, adjudicó a La Clínica, bajo su Programa de Salud y Seguridad para Niños, su primera distinción de Organización Pionera.

Jane es una defensora y activista cuya pasión es la provisión de atención médica a todos los residentes de la comunidad, sin que importen sus ingresos o su estado inmigratorio. Durante los debates del Gobierno Federal sobre la reforma propuesta de los programas nacionales de bienestar social y de inmigración, a Jane la describían con frecuencia como una vocera comunitaria capaz de describir el impacto que tendría cada una de estas políticas sobre las comunidades con servicios deficientes. Ella defendió la preservación de servicios pre-natales para las madres inmigrantes y sus esfuerzos aseguraron la continuación de este programa en California.

Jane García ha recibido numerosos premios por su dedicación a la causa de preservar la salud de la comunidad. Entre ellos se cuentan los siguientes: *The Common Cause Award for Public Service Achievement*; *The Public Policy Award* otorgado por la Red de Servicios Pre-natales en los condados de Alameda y Contra Costa; y *The Equal Rights Advocates Award* "por sus éxitos sostenidos al asegurar que cada mujer, hombre y niño o niña tenga acceso a servicios de salud con sensibilidad lingüística y cultural, sin que importe la capacidad que tengan para pagarlos". Sus colegas le han conferido una distinción sin precedentes al elegirla por un término de tres años como Presidenta de la Asociación de Atención Médica Primaria de California, una coalición de centros de salud comunitarios en todo el estado. En la actualidad, Jane es Presidenta de la Red de Centros de Salud Comunitarios y miembro de la Junta Directiva de Alta Bates Summit Medical Center of the East Bay y de la Junta Directiva de California Kids.

Jane recuerda que aun durante la época de sus estudios en la Universidad de Yale y en la Universidad de California, Berkeley, ella no toleraba la injusticia o el sufrimiento humano. Fue allí donde se sembraron las semillas que fructificaron para darle rumbo a su vida profesional. Bajo el liderazgo de Jane García, la defensa de la comunidad produce una cosecha abundante a través de La Clínica de La Raza.

p. 10

Lorraine García-Nakata

Artist/Artista

"There are many cross-cultural elements that link our ancient and contemporary existence, and I continue to find ways to witness and project these facts. Even as a small child, I have always been attracted to unfamiliar territories and creative ways to address sometimes insurmountable projects."

Lorraine García-Nakata is a staunch proponent of connecting to one's roots as a way to obtain clarity of mind and to frame the choices we must make in our lives. In planning her community activities and involvements, Lorraine applies a cross-cultural perspective. As a visual artist of large-scale drawings, paintings, and murals, she conveys her socially conscious values through her work. This perspective, evident in her early work in the 1960's, earned her a membership in the renowned rebel artist collective called the Royal Chicano Air Force (RCAF) in Sacramento, California.

Major "threads" have been woven into Lorraine's life, shaping her perspective and moving her to take action both personally and within the community.

"One constant thread, introduced to me by my grandfather, Basilio Prado, is the understanding that indigenous people have of the natural world and the laws of nature. The notion of reciprocity and interdependence within the natural world has provided me with a powerful lens through which to observe and navigate. My grandfather also taught me to recognize and acknowledge the significant role that youth and elders play in society. It has been my constant challenge to bridge the linear world that comprises contemporary life and society with the different world my grandfather shared with me."

Though best known in the art world, Lorraine began her commitment to social action as a teenager in California's Central Valley by organizing community youth projects to connect Latino youth with environmental movements in the valley. As she found her path as an artist, she began to gain recognition and has enjoyed an outstanding career. She has received a California Arts Council Fellowship in the Visual Arts, and is a two time recipient of the California Arts Council Artist-in-Residence Award. Lorraine has taught as a guest faculty member at San Francisco University. She has also taught in the Museum Studies Program at John F. Kennedy University; at Golden Gate University; and at Amherst College; and was selected as a review panelist for the National Endowment for the Arts. Prior to her current position as Publisher and Executive Director of Children's Book Press in San Francisco, she served for many years as Director of Development for the Mexican Museum in San Francisco, California.

As a profound believer in her vision of establishing a connection between different world views, Lorraine García-Nakata continues to strive for communication through art, and hopes to see this connection maintained for generations to come.

"Hay muchos elementos transculturales que vinculan nuestra existencia ancestral y contemporánea, y yo continúo descubriendo maneras de presenciar y proyectar estos hechos. Desde mi infancia, he sentido siempre el atractivo de lo desconocido y de maneras creativas de dar tratamiento a proyectos a veces insuperables".

Lorraine García-Nakata es una proponente tenaz de la necesidad de descubrir la conexión de nuestras raíces como una manera de obtener claridad mental y de definir las decisiones que debemos tomar en nuestras vidas. Al planificar su participación en las actividades de la comunidad, Lorraine aplica una perspectiva transcultural. Como creadora de dibujos, pinturas y murales a gran escala, ella comunica sus valores de conciencia social a través de su obra. Esta perspectiva, evidente desde sus primeras obras en la década de 1960, le conquistó su admisión como miembro a una prestigiosa cooperativa de artistas rebeldes llamada The Royal Chicano Air Force (RCAF) en Sacramento, California.

Importantes "hebras" se han entrelazado en la vida de Lorraine, dando forma a su perspectiva e impulsándola a adoptar un activismo tanto personal como comunitario.

"Una hebra constante, recibida de mi abuelo Basilio Prado, es la comprensión que los pueblos indígenas tienen del mundo natural y de las leyes de la naturaleza. La noción de reciprocidad e interdependencia dentro del mundo natural me ha proporcionado un poderoso lente con el cual puedo observar y navegar. Mi abuelo me enseñó también a reconocer y valorar el rol significativo que las personas jóvenes y ancianas tienen en la sociedad. Un desafío constante para mí ha consistido en establecer un vínculo entre la vida y la sociedad contemporáneas y el mundo diferente que mi abuelo compartió conmigo".

Aunque es en el mundo del arte donde mejor se la conoce, Lorraine comenzó su compromiso con el activismo social cuando todavía era una adolescente en el Valle Central de California, donde comenzó a organizar proyectos de la comunidad para conectar a la juventud latina con los movimientos de protección ambiental en el valle. A medida que identificaba el sendero de su vida como artista, su prestigio aumentaba y ella ha disfrutado de una excelente carrera profesional. Ha recibido una beca en Artes Plásticas del California Arts Council, y recibió dos veces el Premio de Artista en Residencia de la misma entidad. Lorraine ha dictado clases como miembro por invitación de la facultad de San Francisco University. Ha enseñado también en el Programa de Estudios de Museo de John F. Kennedy University, en Golden Gate University y en Amherst College. También fue seleccionada como panelista examinadora de The National Endowment for the Arts. Antes de asumir su cargo actual como Editora y Directora Ejecutiva de Children's Book Press en San Francisco, ella fue durante muchos años Directora de Desarrollo en el Museo Mexicano de San Francisco, California.

Debido a su profunda convicción de la necesidad de establecer enlaces entre diferentes visiones del mundo, Lorraine García-Nakata continúa luchando por la comunicación a través del arte, y espera lograr ver que esta conexión se mantenga en las generaciones del futuro.

p. 57

Belinda Guadarrama

Community Advocate/Defensora Comunitaria

Belinda Guadarrama is the CEO of GC Micro Corporation, which she established in 1986, in Novato, California. She developed GC Micro Corporation into one of the 500 largest Hispanic-owned companies and Fortune 1000 companies. With this hard-won success, she has used her position to work for the advancement of other minority business and Latino community needs.

"My heritage is Mexican. My grandfather was a farm worker in Texas and so was my father until he joined the Army to serve throughout World War II, the Korean War, and Vietnam. My heritage is to be a hard worker and strive for excellence in whatever I do".

Under Belinda's leadership, GC Micro Corporation exemplifies the concept of "corporate responsibility," giving financial support to a variety of causes for the advancement of minorities and minority businesses that include the California Latino-Chicano High School Dropout Prevention Program (*Cada Cabeza es un Mundo*), the Marin County Canal Community Alliance, and the Marin County Literacy /Literacy Volunteers of America Program. Through the California Hispanic Chamber of Commerce, Belinda has worked to assist individuals in starting new businesses and expanding existing firms. She has served as Vice President of the San Francisco Hispanic Chamber of Commerce and as a board member of La Familia, a community agency established to assist low-income Hispanic families in the San Francisco Bay Area. Her involvement with the Latino community includes ongoing sponsorship of the summer softball program for the children of migrant farm workers in Gilroy, California; the Little League program in Novato; and the Marin County Latino Film Festival. She sponsors several community youth organizations and works closely with them.

Belinda has served on many community committees, in numerous capacities. She has served as Chair and Committee Member of the NSA Minority Business Resource Advisory Committee, as an appointed member of the California Partnership on Diversity, and as an active member of the National Association of Small and Disadvantaged Businesses. She has also served on many White House conferences for presidential briefings on issues such as NAFTA and health care, and has worked diligently for affirmative action and procurement reform to benefit minority businesses. Her awards and recognitions are numerous and include the Exemplary Leadership and Distinguished Service Award for her contributions to the Latino Community through the Hispanic Community Foundation and United Way. The Mexican American Legal Defense & Educational Fund (MALDEF) conferred on Belinda the Community Service Award, and she has been honored by having the San Francisco League of Woman Voters select her as a Woman Who Could Be President.

The California Senate wrote to Belinda Guadarrama as follows: "Through your work you have touched and enriched the lives of many. While most measure success in terms of personal achievements, it is noteworthy that your success is highlighted by the numerous endeavors you have undertaken on behalf of others."

Belinda Guadarrama es la Ejecutiva Principal de GC Micro Corporation, organización fundada por ella en 1986, en la ciudad de Novato, California. Belinda convirtió su empresa en una de las 500 compañías más grandes de propiedad de personas hispanas en los Estados Unidos, clasificada también como una compañía Fortune 1000. Con el éxito logrado por sus esfuerzos, ella ha utilizado su posición para ayudar a resolver otras necesidades de negocios minoritarios y de comunidades latinas.

"Mi herencia es mexicana. Mi abuelo fue un trabajador agrícola en Texas, y mi padre también, hasta que se alistó en el ejército para servir durante la Segunda Guerra Mundial, y en las guerras en Corea y Vietnam. Mi herencia familiar es trabajar duro y luchar siempre por alcanzar la excelencia".

Bajo la dirección de Belinda, GC Micro Corporation es un modelo ejemplar de "responsabilidd corporativa", ofreciendo apoyo económico a una variedad de causas para el progreso de personas minoritarias y de sus negocios. Entre ellos, Cada Cabeza es un Mundo, un programa dedicado a evitar que jóvenes latinos y chicanos abandonen sus estudios de la escuela secundaria; la Alianza de la Comunidad del Canal del Condado de Marin; y el Programa de Alfabetización del Condado de Marin y los Voluntarios de América. A través de la Cámara de Comercio Hispana de California, Belinda se ha esforzado por ayudar a personas individuales a crear empresas nuevas o expandir empresas existentes. Ella fue Vicepresidenta de la Cámara de Comercio Hispana de San Francisco y ha participado como miembro de la Junta Directiva de La Familia, una agencia comunitaria establecida para ayudar a familias hispanas de bajos ingresos en el Área de la Bahía de San Francisco. Su participación en la vida de la comunidad latina incluye el patrocinio continuo del programa de *softball* durante el verano para los hijos de trabajadores agrícolas migratorios en Gilroy, California; el programa de la Liga Infantil en Novato; y el Festival de Películas Latinas en el Condado de Marin. Ella patrocina y trabaja en estrecha colaboración con varias organizaciones comunitarias para jóvenes.

Belinda ha participado en muchos comités, asumiendo responsabilidades diversas. Actuó como miembro y Presidenta del Comité Asesor de Recursos para Negocios Minoritarios de la NSA; actuó también como miembro nombrado de la Asociación para la Diversidad en California, y como miembro activo de la Asociación Nacional de Negocios Pequeños Desventajados. Belinda ha participado también en muchas conferencias de la Casa Blanca en tareas de asesoramiento presidencial, como, por ejemplo, NAFTA y la salud pública, y ha laborado diligentemente, promoviendo la acción afirmativa y la reforma de las políticas para la asignación de compras gubernamentales en beneficio de los negocios minoritarios. Sus premios y reconocimientos son numerosos e incluyen el Premio por Liderazgo Ejemplar y Servicios Distinguidos por sus contribuciones a la comunidad latina, hechas a través de la Hispanic Community Foundation y United Way. El Fondo Mexicano-Americano para la Defensa Legal y la Educación (MALDEF) otorgó a Belinda el Premio por Servicios a la Comunidad, y La Liga de Mujeres Votantes de San Francisco la honró seleccionándola como una Mujer que Podría Ser la Presidenta (de la Nación).

El Senado de California reconoció los servicios de Belinda Guadarrama con las siguientes palabras: "A través de su labor, usted ha influido y enriquecido la vida de muchos. Mientras que la mayoría de las personas miden el éxito en términos de logros personales, cabe señalar que el éxito de usted se destaca por las numerosas actividades que ha emprendido en beneficio de otros".

p. 35

Juana Gutiérrez

Community Mobilizer/Movilizadora Comunitaria

The organization known as Madres del Este de Los Angeles-Santa Isabel (Mothers of East Los Angeles-Santa Isabel—MELA-SI), was born in 1984, when a housewife named Juana Gutiérrez joined with other mothers in her low-income, predominantly African American, Latino, and Asian neighborhood to resist powerful, wealthy conglomerates, and to force them to stop the construction of an undesirable, unhealthy project in their community. In their passionate mission statement, these mothers declared that they would fight injustice in all communities.

Corporate and civic decisions that profoundly affect the quality of life in many poor, inner-city neighborhoods are typically made without consideration for, or input from, the residents of those neighborhoods. Such was the case in 1984, when the State of California and the City of Los Angeles proposed to construct a state prison in an East Los Angeles-Boyle Heights neighborhood. Armed only with the conviction that the proposal was not good for their children, neighborhood mothers, led by Juana Gutiérrez, mobilized to fight it. Mothers telephoned other mothers, and fathers nailed up handwritten signs, often made by their children, to publicize community discussion meetings. They began to feel their strength, and to gain confidence and trust in their own abilities to bring about change for the good of their children and the community at large. They demonstrated and marched, expressing what they wanted and what they did not want for their neighborhood. United, the members of the community challenged the power structure and succeeded in halting the project.

Their victory was embodied in this description of their group:

"Not economically rich, but culturally wealthy, not politically powerful, but socially conscious, not mainstream educated, but armed with the knowledge, commitment, and determination that only a mother can possess."

As other threatening issues surfaced in their communities, Mothers of East Los Angeles-Santa Isabel, with Juana Gutiérrez at the helm, were there to challenge them and raise a collective voice of social consciousness. To stop the building of a toxic incinerator, they successfully sued the City of Vernon. Today they continue their fight, partnering with other non-profit, pro-community organizations and working side by side with supportive local politicians. The lasting influence of Juana Gutiérrez and Mothers of East Los Angeles-Santa Isabel can be seen in improvements throughout several communities and in the model they continue to provide for other community action groups.

La organización conocida como las Madres del Este de Los Ángeles-Santa Isabel (MELA-SI) tuvo sus orígenes en 1984, cuando una ama de casa llamada Juana Gutiérrez unificó a otras madres de su barrio, poblado predominantemente por afro-americanos, latinos y asiáticos, para luchar contra conglomerados potentes y obligarlos a detener la construcción en su comunidad de un proyecto indeseable e insalubre. En su apasionada declaración de propósitos, estas madres proclamaron su decisión de luchar contra la injusticia en todas las comunidades.

Como ocurre típicamente en los barrios pobres de centros urbanos, hay decisiones corporativas y cívicas que afectan profundamente la calidad de vida en esos barrios, las cuales se toman sin la consideración de sus residentes y sin darles la oportunidad de expresar sus opiniones. Éste fue el caso en 1984, cuando el Estado de California y la Municipalidad de Los Ángeles propusieron la construcción de una cárcel estatal en una barriada del Este de Los Ángeles y Boyle Heights. Armadas solamente con la convicción de que el proyecto era perjudicial para sus hijos, las madres de la barriada, dirigidas por Juana Gutiérrez, se movilizaron para combatirlo. Las madres se telefoneaban entre ellas, y los padres clavaban carteles, con frecuencia hechos por los niños, para dar publicidad a las reuniones de la comunidad donde se discutiría el problema. Comenzaron a darse cuenta de su propia fortaleza y a adquirir confianza en su propia capacidad para lograr cambios beneficiosos para sus hijos y para toda la comunidad. Organizaron también manifestaciones públicas y marchas para expresar lo que deseaban y lo que no deseaban para su barrio. Unificados, los residentes lanzaron un desafío contra la estructura del poder y lograron derrotar el proyecto.

La victoria alcanzada quedó expresada en la siguiente descripción de la agrupación:

"Económicamente pobres pero culturalmente ricas, carentes de poder político pero socialmente conscientes, sin educación formal pero armadas con los conocimientos, la consagración y la determinación que sólo una madre puede poseer".

A medida que surgían otras amenazas para sus comunidades, las madres de MELA-SI, encabezadas por Juana Gutiérrez, los desafiaban, elevando su voz colectiva de protesta social. Para detener la construcción de un incinerador tóxico, entablaron una demanda judicial en contra de la Municipalidad de Vernon. Hoy día, ellas continúan su batalla, asociadas con otras organizaciones no lucrativas y pro-comunitarias, y trabajando hombro a hombro con políticos locales simpatizantes. El impacto de Juana Gutiérrez y de las Madres del Este de Los Ángeles-Santa Isabel puede apreciarse en las mejoras logradas en varias comunidades y en el modelo que ellas representan para otros grupos de acción comunitaria.

p. 47

Marisa Gutiérrez

Art and Culture Promoter/Promotora de Artes y Cultura

Marisa Gutérrez's grandparents came to the United States from Los Altos de Jalisco, Mexico, and worked long and hard in the fields and canneries of California. Her parents were the first generation to grow up in the United States; they worked to support themselves while attending the University of California, Berkeley. Marisa's parents met and married when they were both activists in the Chicano Movement of the 1970's. In 1975, when Marisa was born, her parents listed her ethnicity on her birth certificate as "Chicana." With her identity defined in this way, and infused with her cultural legacy, Marisa graduated from Dominican College in San Rafael, California, with a Bachelor of Fine Arts degree and a strong sense of her rich heritage. Always fascinated by the arts, Marisa traveled after graduation to fifteen East and West European countries and also to Africa, visiting every major and minor art museum everywhere she went. She returned to live with her parents in Sacramento, California.

Through her professional endeavors, Marisa has become known for her promotion of art as a universal language that speaks to a wide spectrum of people. Throughout the Sacramento area, she is highly recognized for her support of local artists as well as for the promotion of civic public art. Gutiérrez utilizes art for the advancement of youth in the community, and also provides specialized consultation to non-profit organizations, legislative bodies, and local corporations regarding fund-raising strategies for the arts. Through her company, arteymas.com, she distributes Latino fine art and stationery. From 1999 to 2003, serving as Executive Director of La Raza Galería Posada, she revitalized the struggling Sacramento Cultural Arts Center. She led the organization out of financial uncertainty to rebirth as a stable, successful cultural enterprise. Through her leadership, the art center became a nationally recognized entity hosting major art exhibits and exciting art programs. The re-establishment of this historical Latino institution preserved its mission to provide opportunities and support for Chicano, Latino, and Native American artists, and ensured that their vital voices would be heard.

> *"It's essential for me to elevate the presence of Latino/Chicano and Indigenous artists in the community. Not just the professional artists, but also the raw genius that our community can produce…it's about providing a place to gather and hear each other's voices."*

Marisa Gutiérrez's community activities include volunteer work for many organizations that create and enhance prospects for local artists. She currently serves on the Board of Directors of the Sacramento area public broadcasting station, KVIE. Her efforts have earned her many awards, including the prestigious Non-Profit Administrative Work Award in 2003, from the Sacramento Hispanic Chamber of Commerce. It is evident that Marisa Gutérrez designs her life to enrich her community through artistic expression, preserving the Latino heritage for future generations.

Los abuelos de Marisa Gutiérrez inmigraron a los Estados Unidos de Los Altos de Jalisco, México, y trabajaron con denuedo, sometidos al rigor de las labores en los campos agrícolas y fábricas enlatadoras de California. Sus padres fueron la primera generación criada en los Estados Unidos; ellos trabajaban para ganar su sustento mientras asistían a la Universidad de California, Berkeley. Los padres de Marisa se conocieron y se casaron cuando ambos participaban activamente en el Movimiento Chicano de la década de 1970. En 1975, cuando Marisa nació, sus padres la inscribieron en el registro público como "chicana" para definir la ascendencia étnica de la niña. Con su identidad personal así definida, e imbuída con su legado cultural, Marisa se graduó del Dominican College, en San Rafael, California, con una Licenciatura en Bellas Artes y un fuerte sentido de la riqueza de su herencia cultural. Fascinada por las artes, Marisa viajó después de graduarse a quince países de la Europa oriental y occidental, y también al continente africano, visitando todos los museos de arte, tanto grandes como pequeños, dondequiera que llegaba. Después de estas experiencias, regresó a vivir con sus padres en Sacramento, California.

A través de su carrera profesional, Marisa ha sido reconocida por fomentar el arte como el lenguaje universal y el vehículo de comunicación para una gran gama de personas. En el área de Sacramento, ella es reconocida con gran estima por su apoyo a los artistas locales y por su promoción del arte público con temas cívicos. Marisa utiliza el arte para hacer avanzar a la juventud de la comunidad y ofrece asesoría especial a organizaciones sin fines de lucro, cuerpos legislativos y compañías locales en relación con estrategias de financiamiento para las artes. A través de su compañia, arteymas.com, ella distribuye creaciones latinas de bellas artes y papelería. De 1999 a 2003, en su calidad de Directora Ejecutiva de La Raza Galería Posada, contribuyó a la revitalización del Centro de Artes Culturales de Sacramento. Rescató a la institución de la incertidumbre económica y la vio renacer como una empresa cultural estable y exitosa. Bajo su dirección, el centro se convirtió en una entidad nacionalmente reconocida y el foco de importantes exhibiciones de arte y de emocionantes programas. El restablecimiento de esta histórica institución latina preservó su misión de ofrecer oportunidades y apoyo a artistas chicanos, latinos e indígenas, y aseguró que la vitalidad de sus voces fuera escuchada.

> *"Para mí es esencial elevar la presencia de los artistas latinos, chicanos e indígenas de la comunidad. No solamente los artistas profesionales, sino también el genio natural que nuestra comunidad es capaz de producir...se trata de un sitio donde es posible reunirse para dejar oír nuestras voces".*

Las actividades comunitarias de Marisa Gutiérrez incluyen su labor como voluntaria en muchas organizaciones que crean y fomentan posibilidades para artistas locales. Actualmente, es miembro de la Junta Directiva de KVIE, una emisora de radio pública en el área de Sacramento. Sus esfuerzos le han ganado muchos reconocimientos, entre ellos, el Premio por Labor Administrativa sin Fines de Lucro del año 2003, otorgado por la Cámara de Comercio Hispana de Sacramento. Es evidente que Marisa Gutiérrez delinea su vida para enriquecer a su comunidad por medio de la expresión artística, preservando de esta manera la herencia latina para generaciones futuras.

p. 39

Antonia Hernández

Lawyer and Philanthropist/Abogada y Filántropa

Antonia Hernández is currently President and Chief Executive Officer of one of the largest and most active philanthropic organizations in Southern California, the California Community Foundation, which "supports non-profit organizations and public institutions with funds for health and human services, affordable housing, early childhood education, community arts and culture and other areas of need." Previously, she served as the President and General Counsel of the Mexican American Legal Defense and Educational Fund (MALDEF), where she worked to protect the civil rights of the nation's Latinos by pursuing legal action to "redress wrongs." As a result, Antonia became the most visible Latina spokesperson in the United States regarding civil rights, immigration issues, employment discrimination, educational inequities, and voting and language rights.

Antonia was born in Mexico and spent her early childhood years there. After her family came to the United States, Antonia helped care for her younger brothers and sisters while her parents were working. Encouraged at a young age to value hard work and diligence, she helped her parents by selling her mother's homemade tamales throughout East Los Angeles. Antonia saw herself as a vital member of her family. She worked side by side with her parents, brothers, and sisters, picking crops during the hot summer months in Fresno, Bakersfield and Modesto.

Always close to her parents and siblings, and aware of the financial burden on her parents, Antonia chose to go to college in the Los Angeles area, close to her home. She graduated from the University of California, Los Angeles (UCLA) with a degree in history in 1970, and earned a teaching certificate in 1971. Continuing her education, she graduated from UCLA Law School in 1974.

Her childhood in Mexico enabled Antonia to forge an identity free of the negative effects of racial and cultural discrimination experienced by so many young Latinos in the United States. She had been taught her people's history and culture, and pride for her Mexican heritage had been instilled in her. Her experiences in this country, especially working alongside her parents, provided her with a deep understanding of social issues affecting Latinos. As she became involved in community affairs as an adult, she saw first hand the compelling need to advocate social justice for all peoples. Today, her work reflects her sense of responsibility and her commitment to acting on her beliefs.

Antonia has served with distinction for many years on boards and commissions of local and national civic organizations, and has received many awards, nationally and internationally, for her contributions to communities in need. Her achievements have been celebrated and honored by organizations that uphold human rights. Her awards include the Women of Courage Award from the Commission for Status of Women, the Women's History Month Award from the Comisión Femenil de Los Ángeles, the Margaret Brent Women Lawyers of Achievement Award from the American Bar Association, the Lifetime Achievement Award from the American Association of University Women, the Public Advocate of the Year Award from the National Association of Personal Injury Lawyers (NAPIL), the Leadership Award from the League of Women Voters, the Martin Luther King Presidential Award, the Hubert Humphrey Leadership Conference on Civil Rights Award, and the *Águila Azteca*, the highest honor awarded by the government of Mexico to non-Mexican citizens.

Today, Antonia Hernández continues to face challenging responsibilities with the same vigor she exhibited as a young child, inspired by the integrity, hard work, and love she received from her family.

Antonia Hernández es actualmente la Presidenta y Ejecutiva Principal de una de las organizaciones filantrópicas más grandes y activas en el Sur de California, The California Community Foundation. Esta fundación "apoya a organizaciones sin fines de lucro y a instituciones públicas con fondos destinados a servicios humanos y para la salud, vivienda económica, educación para niños pequeños, las artes y la cultura en la comunidad, al igual que otras áreas de necesidad". Anteriormente, Antonia fue la Presidenta y Asesora Jurídica del Fondo Mexicano Americano para la Defensa Legal y la Educación (MALDEF), donde trabajó para proteger los derechos civiles de los latinos, iniciando procesos legales para "corregir injusticias". Como resultado, se convirtió en la defensora latina con mayor visibilidad en los Estados Unidos en relación con asuntos de derechos civiles, inmigración, discriminación laboral, injusticias educativas y derechos al voto y al lenguaje.

Antonia nació en México y vivió su niñez en ese país. Después de que su familia se trasladara a los Estados Unidos, ella ayudó con el cuidado de sus hermanos y hermanas menores mientras su padre y su madre trabajaban. Animada desde una edad muy temprana a valorar el trabajo y la dedicación, contribuyó al sustento de su hogar vendiendo en el Este de Los Ángeles los tamales que su madre hacía en casa. Antonia se consideró a sí misma como un miembro vital de su familia. Trabajó hombro a hombro con sus padres, hermanos y hermanas durante los calurosos meses del verano en las cosechas de campos agrícolas en Fresno, Bakersfield y Modesto.

Manteniendo siempre una estrecha relación con sus padres y hermanos, y consciente de la carga económica que sus padres soportaban, Antonia eligió continuar sus estudios de educación superior en el área de Los Ángeles, cerca de su hogar. En 1970, se graduó de la Universidad de California en Los Ángeles con un título académico en historia y en 1971, obtuvo su credencial como maestra. Continuó entonces su educación, graduándose de la Facultad de Leyes de UCLA en 1974.

Su niñez en México ayudó a Antonia a forjar una identidad personal libre de los efectos negativos de la discriminación racial y cultural experimentada por tantos latinos jóvenes en los Estados Unidos. Ella había aprendido en su país de origen la historia y la cultura de su pueblo, y se le había inculcado orgullo en su herencia mexicana. Sus experiencias en los Estados Unidos, especialmente el trabajo con sus padres, le permitieron adquirir una comprensión profunda de los problemas sociales que afectaban a los latinos. A medida que comenzó a participar como adulta en asuntos comunitarios, descubrió de primera mano la necesidad imperiosa de fomentar la justicia social para la gente de todo el mundo. Hoy día, su trabajo refleja su sentido de responsabilidad y su dedicación a actuar conforme a sus convicciones.

Durante muchos años, Antonia ha servido con distinción en juntas y comités de organizaciones cívicas locales y nacionales, y ha recibido reconocimientos nacionales e internacionales por sus contribuciones a comunidades necesitadas. Sus éxitos han sido celebrados y honrados por organizaciones que protegen los derechos humanos. Estos reconocimientos incluyen el *Women of Courage Award* de la Comisión de los Estados Unidos sobre el Estado de las Mujeres, el *Women's History Month Award* de la Comisión Femenil de Los Ángeles, el premio para abogadas distinguidas *Margaret Brent Women Lawyers of Achievement Award* del Colegio de Abogados de los Estados Unidos, el *Lifetime Achievement Award* de la Asociación Norteamericana de Mujeres Universitarias, el *Public Advocate of the Year Award* de la National Association of Personal Injury Lawyers (NAPIL), el *Leadership Award* de la Liga de Mujeres Votantes, el *Martin Luther King Presidential Award,* el *Hubert Humphrey Civil Rights Award* de la Conferencia sobre Derechos Civiles y el Águila Azteca, el honor más alto concedido por el gobierno de México a ciudadanos extranjeros.

En la actualidad, Antonia Hernández continúa enfrentando responsabilidades desafiantes con el mismo vigor que demostró durante su niñez y juventud, inspirada por la integridad, la dedicación al trabajo y el amor que recibió de su familia.

p. 2

Ester Hernández

Artist and Educator/Artista y Educatora

"Ester Hernández is a recognized founding member of the Chicano art world. Her feminist and political images have been reproduced so frequently that some have become icons of Chicano art."

—Amelia Mesa-Baines

Several artists became identified with the Chicano Movement of the late 1960's and early 1970's. Their work is inseparable from the social and political changes that were emerging during this time. Ester Hernández is a graphic artist whose work affirmed the political, feminist, and social movements of those years and who has continued to revolutionize contemporary thought. With the etching of herself chiseling away the surface of the statue of Liberty to reveal a Mayan figure, she makes a concise statement about people whose heritage is Latino/Indigenous. Ester was raised by her farm-worker family in the San Joaquin Valley, an agricultural area of California. She recalls how her grandmother, though having lived a life of hardship as a farm worker, "stood proud" and spoke of the beauty that can be found everywhere. Other early influences on Ester's work can be found in her grandfather's carvings of religious figures, her father's photography, and her mother's traditional Mexican needlepoint.

In 1965, Ester saw a farm workers' demonstration led by Dolores Huerta.

"I was very influenced by what I saw. When Dolores Huerta spoke about the lack of compassion and concern for farm workers' rights, health, and social justice, she was talking about me and my family. She was saying what I knew to be true from my own experience."

It was the era of the Free Speech Movement at the University of California, Berkeley, the Civil Rights Movement in the South, The Chicano Movement, and the Revolution for Peace in San Francisco. As a student at the University of California, Berkeley, Ester took classes in Chicano Studies and eventually began to study art. Her identity as a Chicana was centered and her art was radicalized, expressing the ideals of the Chicano Movement. Her paintings are visual embodiments of social, political, and feminist progressive thought. Their strength is rooted in personal experiences; for example, she made the painting titled *Sun Mad* to protest the use of "pesticides and unnaturally grown raisins."

Ester has been honored with many awards for her efforts, including eight Artist-in-Residence awards for her teaching in senior centers and public schools in Oakland, California. She has received the Visual Artist Award from the *San Francisco Bay Guardian,* a Visiting Artist Fellowship from the Brandywine Workshop in Philadelphia, the Chicana Artist Award from the National Association for Chicana and Chicano Studies, and the first Annual César Chávez Community Service Award. The California Arts Council has awarded her numerous grants. Her work has been exhibited throughout the world and is in the collections of major museums, both nationally and internationally. Ester Hernández has won her place in history as a pioneer in the Chicano art movement, and as an intellectual who has contributed to a heightened awareness and appreciation of her people's art and culture, opening up possibilities for dialogue.

> *"A Ester Hernández se la reconoce como miembro fundador del mundo del arte chicano. Sus imágenes feministas y políticas se han reproducido con tanta frecuencia que algunas de ellas han llegado a ser iconos del arte chicano".*
>
> *—Amelia Mesa-Baines*

Varios artistas se asociaron con el Movimiento Chicano de finales de la década de 1960 y principios de la de 1970. Su obra es inseparable de los cambios sociales y políticos emergentes durante este período. Ester Hernández es una artista cuya obra afirmó los movimientos políticos, feministas y sociales de aquellos años, y que ha continuado revolucionando el pensamiento contemporáneo. Con el grabado que hizo representándose a sí misma cincelando la superficie de la estatua de la Libertad para revelar una figura maya, Ester hace una declaración concisa acerca de las personas cuya herencia es indo-latina.

La familia de Ester, gente campesina, la criaron en el ambiente agrícola del Valle de San Joaquín en California. Ester recuerda que su abuela, a pesar de haber llevado la vida llena de privaciones de una trabajadora agrícola, mantenía una actitud digna y hablaba de la belleza que todos podemos encontrar a nuestro alrededor. Otras influencias tempranas en la obra de Ester las encontramos en las figuras religiosas talladas por su abuelo, en las fotografías tomadas por su padre y en los bordados al estilo tradicional mexicano de su madre.

En 1965, Ester observó una demostración de protesta de los campesinos encabezada por Dolores Huerta.

> *"Lo que vi me causó una fuerte impresión. Cuando Dolores Huerta habló de la falta de compasión hacia los trabajadores del campo y de la indiferencia hacia sus derechos, su salud y la justicia social que merecían, hablaba de mí y de mi familia. Ella expresaba lo que yo ya sabía por mi propia experiencia".*

Era la época del Movimiento pro Libertad de Expresión en la Universidad de California, Berkeley, el Movimiento por los Derechos Civiles en el Sur de los Estados Unidos, el Movimiento Chicano y la Revolución por la Paz en San Francisco. Como estudiante de la Universidad de California, Berkeley, Ester tomaba clases en Estudios Chicanos y luego se dedicó a estudiar arte. Su identidad como chicana cristalizó y su arte se radicalizó, expresando los ideales del Movimiento Chicano. Las pinturas de Ester plasman en forma visual el pensamiento progresista social, político y feminista. Su fuerza expresiva se nutre de sus experiencias personales; por ejemplo, su pintura titulada en inglés *Sun Mad* es una protesta contra el uso irresponsable de "pesticidas y uvas pasas cultivadas en forma antinatural".

A Ester la han galardonado numerosas veces, inclusive con ocho premios como Artista en Residencia por sus enseñanzas en centros para personas de la tercera edad y en las escuelas públicas de Oakland, California. *The San Francisco Bay* Guardian la distinguió con el *Visual Artist Award* y el Brandywine Workshop de Philadelphia le adjudicó una *Visiting Artist Fellowship*. La National Association for Chicana and Chicano Studies le concedió su *Chicana Artist Award*. También recibió el primer *Annual César Chávez Community Service Award*. El California Arts Council le ha otorgado numerosas subvenciones. La obra artística de Ester se ha exhibido alrededor del mundo y forma parte de las colecciones de museos importantes en los Estados Unidos y en el extranjero. Ester Hernández ha venido a ocupar un sitio en la historia como pionera en el movimiento del arte chicano, y como una intelectual que ha contribuido a una mejor comprensión y un mayor aprecio de la cultura y el arte de su pueblo, abriendo posibilidades para el diálogo.

p. 4

Inés Hernández-Ávila

Educator and Author/Educadora y Autora

Inés Hernández-Ávila, PhD, a descendant on her mother's side of Chief Joseph's band of the Nimi'ipuu (Nez Perce) Nation, is enrolled in the Colville Confederated Tribal Reservation in Washington State. On her father's side, she is Tejana, and was born and raised in Galveston, Texas. She is currently a Professor of Native American Studies and the Director of the Chicana/Latina Research Center at the University of California, Davis. She has served as a member of the University of California Committee on Latino Research. Under her leadership, a successful proposal was completed to establish master's and doctoral programs in Native American Studies. This graduate program is the first in the country in its hemispheric perspective.

> *"My work and the work of others in the field of Indigenous peoples is important because it contributes to a just representation of Native peoples as protagonists of their/our own destiny, as shapers of the present and the future, as well as of the past."*

Dr. Hernández-Ávila's research areas include Native American Women's Literature, Native American and Chicana Cultural Studies, Native American and Chicana Feminism, Native American Religious Traditions, and Early Twentieth-Century Texas-Mexican Women's Literature. In her scholarly writing, she has focused on issues of identity, community building, culture, and representation, with particular attention to the links between the fields of Native American Studies and Chicana/Chicano Studies. Her major research projects include "Notes From the Homeland: Essays on Identity, Community, and Culture," which utilizes her own perspective and cultural heritage as a point of departure for exploring Native American, Indigenous, and Chicana connections; "The Roots of Danza Azteca as Chicana/Chicano Cultural Indigenous Expression: La Mesa del Santo Niño de Atocha and Conchero Dance Tradition of Mexico-Tenochtitlan"; "The Power of Native Language(s) and the Performance of Autonomy: The Case of Mexico"; and a poetry manuscript titled "Luz Espiritual/Spirit Light: Honoring Songs for the Americas."

Dr. Hernández-Ávila served as a juror for the first Song of America Continental Prize awarded by the Association of Writers in Indigenous Languages of Mexico and UNESCO. The $20,000 prize was awarded for the best work written in the Americas by a Native writer in his/her Native language with translation into the writer's national language. Inés Hernández-Ávila holds memberships in many other organizations that represent Indigenous and Chicana/Chicano interests. She served as a consultant for the Smithsonian Institution's National Museum of the American Indian.

She is a scholar, poet, educator, cultural worker, novice fiction writer, and Ford Foundation/National Research Council Fellow. When asked how she maintains a balance among the many activities in her busy life, she credits the strength she finds in family support, beliefs, and spirituality. She says, "I am a traditional Conchero dancer and in company with my husband, who is Yaqui, I am a sweat-lodge person. I have two sons and three grandchildren who give me joy." She loves to sing and dance to many musical forms, especially " Tejano" (Tex-Mex) music, and enjoys spending time with her pets. Inés Hernández-Ávila's strength is sustained "by honoring all that is good, beautiful, sensual, just, brave, wise, and funny."

La Dra. Inés Hernández-Ávila es una descendiente, por su línea materna, de la banda del Jefe Joseph de la Nación Nei me po (Nez Perce), inscrita en los registros tribales confederados de la Reservación Colville en el estado de Washington. Por su línea paterna, es tejana, nacida y criada en Galveston, Texas. Actualmente, es Profesora del Departamento de Estudios sobre Americanos Nativos y Directora del Centro de Investigación Chicana/Latina de la Universidad de California, Davis. Ha sido miembro del Comité de Investigación Latina de la Universidad de California. Bajo su liderazgo, se completó una propuesta exitosa para establecer un programa de maestría y un programa doctoral en Estudios sobre Americanos Nativos. Este programa de postgrado es el primero en los Estados Unidos con una perspectiva hemisférica.

> *"Mi labor y la labor de otros en el campo de los pueblos indígenas es importante porque contribuye a una representación justa de los pueblos nativos como protagonistas de su destino y del nuestro, como forjadores del presente y del futuro, así como también del pasado".*

Las áreas de investigación académica de la Dra. Hernández-Ávila incluyen las siguientes: Literatura de Mujeres Americanas Nativas, Estudios Culturales sobre Americanas Nativas y Chicanas, Feminismo de Americanas Nativas y Chicanas, Tradiciones Religiosas de los Americanos Nativos, y Literatura de Mujeres Tejano-Mexicanas a principios del siglo XX. En sus escritos académicos, ha enfocado asuntos de identidad, desarrollo comunitario, cultura y representación, con un énfasis particular en los vínculos que existen entre Estudios sobre Americanos Nativos y Estudios sobre Chicanas y Chicanos. Sus proyectos de investigación principales incluyen *"Notes From The Homeland: Essays on Identity, Community, and Culture",* en la que utiliza su propia perspectiva y herencia cultural como punto de partida para explorar las interconexiones que existen entre los americanos nativos, la gente indígena y las chicanas; *"The Roots of Danza Azteca as Chicana/Chicano Cultural Indigenous Expression: La Mesa del Santo Niño de Atocha and Conchero Dance Tradition of Mexico-Tenochtitlan"*; *"The Power of Native Language(s) and the Performance of Autonomy: The Case of Mexico"* y un manuscrito de poesías titulado *"Luz Espiritual/Spirit Light: Honoring Songs for the Americas."*

La Dra. Hernández-Ávila fue miembro del panel de jurados cuando la Asociación de Escritores en Lenguas Indígenas de México y la UNESCO otorgaron conjuntamente el primer Premio Continental Canción de América. Este premio de $20,000 fue adjudicado a la mejor obra escrita en las Américas por un/a escritor/a indígena en su idioma nativo, con una traducción al idioma nacional del país. Ella es miembro también de numerosas otras organizaciones que dan representación a los intereses indígenas y chicanos. Ha ofrecido servicios de asesoría al Museo Nacional del Indio Americano bajo el patrocinio de la Smithsonian Institution.

Es investigadora, poeta, educadora, trabajadora cultural, escritora principiante de obras de ficción, y académica de la Fundación Ford y del Consejo Nacional de Investigaciones. Cuando se le pregunta cómo hace para lograr un equilibrio entre las numerosas ocupaciones de su vida activa, ella reconoce su deuda de gratitud por la fortaleza que encuentra en el apoyo, las creencias y la espiritualidad de su familia. Dice así: "Soy una danzante tradicional conchera y, en compañía de mi esposo, quien es de ascendencia yaqui, acostumbro participar en la cabaña de sudar. Tengo dos hijos y tres nietos, y ellos me dan mucha alegría." Le fascina cantar y bailar al son de una variedad de estilos musicales, particularmente el del repertorio tejano (Tex-Mex), y disfruta de la compañía de sus "animalitos". La vida de Inés Hernández-Ávila se nutre y fortalece "honrando todo lo que es bueno, bello, sensual, justo, valiente, sabio y gracioso".

p. 56

Matilde Hicks

Spanish Language Radio Host/Presentadora, Radiodifusión en Español

"We were so idealistic. We thought we were going to rid the world of oppression, poverty, war, and social injustice."

In the early 1970's, Matilde Hicks arrived in the United States from Argentina as a young bride. She had married a U.S. citizen while both were students at the university in Buenos Aires. Matilde's steadfast idealism and involvement with community issues in her homeland continued in her new adopted country, opening new paths, discovering new possibilities.

Soon after reaching San Francisco, Matilde joined a group of dedicated women who, like herself, were on a journey of social activism and were advocating women's rights. In 1976, after several years of lobbying, grant writing, and fund raising, Matilde co-founded La Casa de las Madres. This was San Francisco's first shelter for battered women and their children. "We didn't even have all the furniture we needed that first week, and already women with their children were coming to the shelter seeking refuge and help." Today, La Casa de las Madres is still offering a safe haven to women and children in times of need.

While living in San Francisco, Matilde was an active member of the Casa Hispana, a cultural center. She organized and participated in numerous cultural events, ranging from theater performances and poetry readings to annual folklore festivals celebrating Latino dance, music, and film. She has continued to promote Latino culture since moving to the San Joaquin Valley, and is a member of the Latin American Club and a board member of Arte de las Américas Museum in Fresno, California. Matilde has worked in many capacities—actress, producer, script writer, and video producer— to promote Latino culture and to address social and health issues. She even operated a cafe in the new wing of the Arte de las Américas Museum! "In the Latino culture, there is so much beauty to maintain and share with others." A Spanish-language health information video she co-produced in San Francisco for the U.S. Department of Health, Education and Welfare has been distributed nationwide.

Since 1983, Matilde Hicks has been the host of "Nuevo Canto" on Radio Bilingüe in Fresno, California. This program promotes Latino fine arts and performing arts, and features community activists who keep the public informed and involved. Its listeners find the expression of social conscience through Latin American poetry and music inspiring. "I program according to what is relevant and significant in and to the community," says Matilde Hicks. She has been a recipient of numerous awards. Two of which she is particularly proud are an award for her radio program, and one for her volunteer work.

"Éramos tan idealistas. Pensábamos que íbamos a acabar con la opresión, la pobreza, la guerra y la injusticia social en el mundo".

En los inicios de la década de 1970, Matilde Hicks vino de la Argentina a los Estados Unidos como una joven recién casada. Había formado un hogar con un ciudadano de los Estados Unidos cuando ambos eran estudiantes en la Universidad de Buenos Aires. El idealismo firme de Matilde y su participación en la vida comunitaria en su país de origen continuó en su patria adoptiva donde abrió nuevos senderos y descubrió posibilidades nuevas.

Poco después de llegar a San Francisco, Matilde se unió a un grupo de mujeres que, como ella, se habían dedicado al activismo social y a la defensa de los derechos de la mujer. En 1976, después de varios años de cabildeo político, solicitud de subvenciones y recaudación de fondos en apoyo de su causa, Matilde participó en la fundación de La Casa de las Madres. Ésta fue la primera casa de refugio en San Francisco para mujeres víctimas de la violencia doméstica y para sus hijos. "Ni siquiera teníamos los muebles que necesitábamos durante esa primera semana, y ya las mujeres con sus hijos tocaban a nuestras puertas en busca de amparo y ayuda". Hoy día, La Casa de las Madres continúa ofreciendo protección a las mujeres y a sus hijos en momentos de necesidad.

Mientras vivía en San Francisco, Matilde participó activamente como miembro de la Casa Hispana, un centro cultural. Allí, organizó y participó en numerosos eventos culturales, desde presentaciones teatrales y lectura de poesía hasta festivales folklóricos para celebrar la danza, la música y la cinematografía latinas. Después de mudarse al Valle de San Joaquín en California, ha continuado fomentando actividades en apoyo de la cultura latina. Es miembro del Club Latinoamericano y de la Junta Directiva del Museo de Artes de las Américas en Fresno. La labor de Matilde es multifacética —ha sido actriz, productora, libretista y directora de videos, para crear conciencia de los valores culturales latinos y de los problemas sociales y de salud en la comunidad latina. Hasta administró un café en un ala nueva añadida al Museo de Artes de las Américas. "En la cultura latina hay mucha belleza que podemos mantener y compartir con otros". Un video en español sobre la salud, en cuya producción ella participó, fue filmado en San Francisco para el Departamento de Salud, Educación y Bienestar y se distribuyó en todo el país.

Desde 1983, Matilde Hicks ha sido la presentadora del programa "Nuevo Canto" en la emisora Radio Bilingüe de Fresno. En este programa, ella fomenta la difusión de las bellas artes y las artes dramáticas latinas, con invitados activos en la comunidad quienes mantienen al público en general informado y le ofrece oportunidades para participar. Sus radioescuchas encuentran inspiración en la expresión de una conciencia social a través de la poesía y la música latina. "Yo organizo mi programación en torno a lo que posee relevancia y significación en y para la comunidad", declara Matilde Hicks. Entre los numerosos reconocimientos que su labor le ha conquistado, hay dos que son motivo de un orgullo especial para ella: el premio recibido por su programa radial y el premio recibido por su labor como voluntaria.

p. 33

Hispanic Education & Media Group
Marine Domínguez & Margot Segura

Film Makers and Educators/Cinematógrafas y Educadoras

Marine Domínguez and Margot Segura founded the Hispanic Education and Media Group in Sausalito, California, in 1989. Their mission was to produce material that would inspire California's Latino students. They wanted to confront the crisis affecting the students by using their talents as filmmakers and educators to do something new, something untried. Before long, the two women began putting together ideas.

They began by producing and directing an award-winning documentary titled *Cada Cabeza es un Mundo* (*Every Head is a World*). The film, for and about Latino students, was designed to encourage critical thinking and reverse the upward trend in the high school dropout rate, which was fast approaching crisis level. Latino luminaries in the film and entertainment field lent their expertise to the project. Luis Valdez, the founder and Director of the renowned Teatro Campesino, was their technical adviser; Carlos Santana wrote original music for the film; and Edward James Olmos and Rita Moreno narrated it. This effort, spearheaded by Marine and Margot, was the first of its kind and has since become a national model for intervention strategy. Using their understanding of the problems facing Latino students, the women have developed a set of academic support materials that is exciting, rigorous, and based in the Latino youth culture.

To ensure that the materials would address the students' needs, Marine and Margot interviewed over three hundred young California Latinos. Through this dialogue, they discovered that many Latino youths feel disconnected from their schools because of the exclusionary attitudes toward them, and lack of validation and recognition. The documentary portrays real Latino youths who feel disenfranchised and shows how staying in school often becomes difficult for them. It captures their accounts and the advice they offer to other students who, like themselves, confront these difficulties. Latino experiences are validated and offered as points of inspiration. Because Marine and Margot recognize the positive effect on students when they are asked to give opinions and share their stories with other at-risk youth, a strong message evolves during the film: "You count!" The filmmakers don't feel that they have all of the answers, but they do feel the responsibility to address the importance of education to Latino communities and their youth; and they do it with love, commitment, sensitivity, and insight.

Combining all of their experiences in education, media, and community involvement with their bicultural vision of the world, Marine Domínguez and Margot Segura continue to forge ahead with their mission. They have proudly accepted the many awards bestowed on their film, including the Omni Intermedia Award from Media Group, Inc., of Kentucky; the Profile in Excellence Award from KGO San Francisco; the Cine Golden Eagle Award; the Silver Apple Award of the International Film and Video Festival of 1996, the National Educational Media Network Award, the 1995 Silver Screen Award, the Hispanic Community Foundation Creativity Award, the National Council of Christian and Jews Image Award, the Chris Statuette from the Film Council of Greater Columbus, the Chicago Intercom Video Festival Golden Hugo Award, the Cable Television Telly Award in 2002 and 2007; and a Certificate of Merit from the 2007 Chicago International Film Festival.

Marine Domínguez and Margot Segura have recently relocated to the small town of Las Vegas, in New Mexico, where they have completed a New Mexico version of their film. They will be the first to tell you that there is still much to do; and they continue to work, with the tenacity that has become their hallmark, to motivate young Latinos to excel in high school and to look to the future with an invigorated sense of self.

Marine Domínguez y Margot Segura fundaron la organización Hispanic Education and Media Group en Sausalito, California, en 1989. La misión que se propusieron fue la de producir materiales educativos que sirvieran de inspiración a los estudiantes latinos de California. Deseaban enfrentarse a la crisis que afectaban a estos estudiantes, utilizando sus talentos como cinematógrafas y educadoras para realizar algo nuevo, algo nunca antes intentado. Se pusieron de inmediato a coordinar ideas.

Comenzaron con la producción y dirección del documental *Cada Cabeza es un Mundo.* Esta película, producida para y acerca de estudiantes latinos, fue concebida para animarlos a pensar en forma crítica y para revertir la tendencia creciente de este sector estudiantil a abandonar sus estudios en la escuela secundaria, un fenómeno que alcanzaba un nivel de crisis. Grandes luminarias del mundo cinematográfico y del espectáculo contribuyeron con sus conocimientos y su participación a este proyecto. Luis Valdez, fundador y Director del renombrado Teatro Campesino, fue su asesor técnico; Carlos Santana escribió el guión musical original, y los actores Edward James Olmos y Rita Moreno fueron sus narradores. Este esfuerzo encabezado por Marine y Margot ha sido galardonado por su mérito innovador y se ha convertido en un modelo como estrategia de intervención en todo el país. Empleando su conocimiento a fondo de los problemas encontrados por los estudiantes latinos, las cinematógrafas han desarrollado un conjunto de materiales de apoyo académico que es emocionante, riguroso y basado en la cultura de la juventud latina.

Para asegurar que los materiales respondieran a las necesidades de los estudiantes, Marine y Margot entrevistaron a más de trescientos jóvenes latinos de California. A través de este diálogo, descubrieron que muchos jóvenes latinos se sienten desconectados de sus escuelas debido a las actitudes exclusivistas en el ambiente escolar, y a la falta de validación y reconocimiento de quienes son. Con el testimonio directo de los estudiantes, el documental ilustra la manera en que estos problemas les dificultan la asistencia a la escuela. Los estudiantes cuentan sus historias personales y ofrecen consejos a otros estudiantes que, como ellos, enfrentan estas dificultades. El documental reconoce la validez de experiencias latinas y las ofrece como puntos de inspiración. Debido a que Marine y Margot reconocen el efecto positivo causado cuando a los estudiantes se les pide expresar sus opiniones y a compartir con otros estudiantes que corren riesgos, el documental desarrolla un mensaje fuerte y claro: "¡Ustedes cuentan!" Las autoras no pretenden tener todas las respuestas, pero sienten la necesidad imperiosa de enfocar la importancia de la educación para las comunidades latinas y para sus miembros jóvenes; y lo hacen con amor, dedicación, sensibilidad y perspicacia.

Combinando con su visión bicultural del mundo todas sus experiencias en el campo educativo, en los medios de comunicación y en el activismo comunitario, Marine Domínguez y Margot Segura continúan laborando para completar su misión. Su obra ha sido ampliamente galardonada. Entre sus premios se cuentan los siguientes: El *Omni Intermedia Award* de Media Group, Inc., en Kentucky; el *Profile in Excellence Award* de la emisora radial KGO San Francisco; el *Cine Golden Eagle Award*; el *Silver Apple Award* del Festival Internacional del Cine y del Video de 1996; el *National Educational Media Network Award*; el *Silver Screen Award* de 1995; el *Creativity Award* de la Hispanic Community Foundation; el *Image Award* del National Council of Christian and Jews; la *Chris Statuette* del Film Council of Greater Columbus; el *Golden Hugo Award* del Chicago Intercom Video Festival; el *Telly Award* en 2002 y 2007; y un *Certificate of Merit* del Festival Internacional del Cine en Chicago, en 2007.

Marine Domínguez y Margot Segura acaban de establecer su nueva residencia en Las Vegas, en Nuevo México, donde han completado una versión de la película para ese estado. Ellas no titubean en decir que todavía queda mucho por hacer; y las dos continúan trabajando, con la tenacidad que se ha convertido en su distintivo, en la tarea de motivar a la juventud latina para que, distinguiéndose en sus estudios, puedan abrirse paso hacia un futuro mejor con un vigoroso sentido de su propio valer.

p. 18

Dolores Huerta

Farm Workers' Advocate/Defensora de los Trabajadores del Campo

Dolores Huerta's earliest recollection of living and growing up in an agricultural community was learning from her mother the importance of connecting to the needs of others. Dolores was born in a mining town in northern New Mexico, where her father, Juan Fernández, was a miner, field worker, union activist, and later a State Assemblyman. After her parents divorced, Dolores's mother, Alicia Chávez, began raising her children alone in Stockton, California, holding down two jobs as a cook. Later on, she was able to own two hotels and a restaurant. Dolores and her siblings helped their mother run one of the hotels, where she often provided free lodging to farm workers. After graduating from college with a teaching certificate, Dolores Huerta began to work in the schools of Stockton. However, after seeing the way farm workers were exploited and denied their basic rights as human beings and as workers, she soon felt compelled to address these injustices.

In 1955, Dolores became a founding member of the Stockton Chapter of the Community Service Organization (CSO), which fought against many of the injustices faced by the poor. Having recognized the needs of farm workers while working for the CSO, she organized and founded the Agricultural Workers Association in 1960. She became a fearless lobbyist in Sacramento at the age of 25, lobbying state and national legislators. Her efforts paid off in 1961, when she succeeded in obtaining the removal of citizenship requirements from pensions and public assistance programs for legal residents of the United States. She also obtained California State disability insurance benefits for farm workers, and was instrumental in the passage of legislation allowing people to vote and to take the examination for a driver's license in their native language. In 1963, she helped secure Aid to Dependent Families for the unemployed and underemployed.

It was through her work with the CSO that Dolores Huerta met César Chávez. Both had been recruited by Fred Ross, Sr. to be trained in community organizing. While working with CSO, they recognized the immediate need to organize farm workers because of their dire living and working conditions. When the CSO turned down Chávez's request to organize farm workers, he and Dolores Huerta resigned from their jobs at CSO in order to begin the work themselves. In 1962, in Delano, California, they inaugurated the National Farm Workers Association (NFWA), the predecessor of the United Farm Workers Union (UFW).

In September 1965, Filipino members of the Agricultural Workers Association went on strike against 32 major table grape growers. Two weeks later, on September 16, 1965, the NFWA joined them in the Delano Grape Strike, which began in 1965 and ended in 1970. The ensuing years were difficult, but through sustained efforts, including grassroots activism, boycotts, marches, community organizing, and nonviolent resistance, the United Farm Workers succeeded in negotiating—for the first time in the history of the United States—a collective bargaining agreement between workers and an agricultural corporation. The negotiating committee was comprised of farm workers and one young, single mother—Dolores Huerta

Many other firsts are to be credited to Dolores Huerta and the UFW, among them new grievance and arbitration procedures on behalf of farm workers; the first medical and pension benefits for farm workers; safety plans for implementation in agricultural fields; and a focusing of public attention on the exposure of farm workers and consumers to toxic pesticides. In 1974, Dolores Huerta helped secure unemployment benefits for farm workers. The UFW formed the National Farm Workers Service Center, which provided affordable housing; and developed an educational radio network, Radio Campesina, with over nine Spanish-speaking stations throughout California, Washington, and Arizona, giving voice to issues of importance to farm workers.

In 2003, after retiring from the UFW, and having received from the Puffin/National Institute a personal $100,000 Award for Creative Citizenship, Dolores Huerta decided to use the money to establish the Dolores Huerta Foundation. The Foundation focuses on community organizing and leadership training in low-income, under-represented communities, with an emphasis on women and youth. For her outstanding humanitarian accomplishments and ongoing efforts, Dolores Huerta has also received other prestigious awards, among them the Eleanor D. Roosevelt Human Rights Presidential Award, presented to her by President Bill Clinton; the Ohtli Award from the Mexican Government; the Outstanding Labor Leader Award from the California State Senate; the Roger Baldwin Medal of Liberty from the American Civil Liberties Union; the Ellis Island Outstanding American Award; the Woman of the Year Award from the California State Legislature; the 100 Most Important Women of the 20th Century Award from the Ladies' Home Journal; Labor Leader Award from Kern County, California; the Woman of the Year Award from the California State Legislature; and the Hispanic Heritage Award.

The social impact of Dolores Huerta's work will be imperishable. And the rallying cry she articulated will continue to inspire future generations: *"Sí se puede!"* (Yes, We Can!)

El primer recuerdo que Dolores Huerta tiene de su infancia, vivida en una comunidad agrícola, fue el de aprender de su madre la importancia de comprender las necesidades de otras personas. Dolores nació en un pueblecito minero en la región norte de Nuevo México, donde su padre, Juan Fernández, era minero, trabajador agrícola, activista sindical y, más tarde, miembro de la legislatura estatal. Después del divorcio de sus padres, la madre de Dolores, Alicia Chávez, comenzó a criar sola a sus hijos en Stockton, California, trabajando en dos empleos como cocinera. Años después, llegó a ser propietaria de dos hoteles y un restaurante. Dolores y sus hermanos ayudaban a su madre en la administración de uno de los hoteles, donde ella con frecuencia ofrecía alojamiento gratis a campesinos. Después de graduarse y obtener su certificado como maestra, Dolores Huerta comenzó a enseñar en las escuelas de Stockton. Sin embargo, al observar cómo se explotaba a los trabajadores agrícolas y cómo se les negaban sus derechos básicos como seres humanos y como trabajadores, no tardó en sentirse obligada a combatir estas injusticias.

En 1955, Dolores fue uno de los miembros fundadores de la Organización de Servicios Comunitarios (CSO), capítulo de Stockton, la cual comenzó a luchar contra muchas de las injusticias que se cometían contra los pobres. Habiéndose enterado de las necesidades de los trabajadores del campo mientras trabajaba con la CSO, ella decidió, en 1960, fundar y organizar la Asociación de Trabajadores Agrícolas (AWA). A la edad de 25 años, comenzó a abogar intrépidamente en favor de estos trabajadores ante las legislaturas del estado y de la nación. Sus esfuerzos fructificaron en 1961, cuando logró eliminar el requisito de la ciudadanía para la participación en los beneficios de pensiones y asistencia pública por parte de los residentes legales de los Estados Unidos. También logró obtener beneficios del seguro estatal de discapacidad para los campesinos en California, e hizo un papel decisivo en lograr que se aprobaran leyes que permitían a las personas votar y presentar el examen para conducir automóviles en su idioma nativo. En 1963, contribuyó a la aprobación del Programa de Ayuda para Familias con Niños Dependientes en favor de las personas desempleadas o sub-empleadas.

Fue a través de su trabajo con la CSO que Dolores Huerta conoció a César Chávez. Ambos habían sido reclutados por Fred Ross, padre, para recibir capacitación como organizadores comunitarios. Mientras trabajaban con la CSO, ellos reconocieron la necesidad urgente de organizar a los trabajadores agrícolas debido a las condiciones desesperantes en que vivían y trabajaban. Cuando la CSO rechazó la solicitud de César Chávez para sindicalizar a los trabajadores, César y Dolores renunciaron a sus cargos para emprender esta tarea independientemente. En 1962, en Delano, California, inauguraron la Asociación Nacional de Trabajadores Agrícolas (NFWA), organización que precedió a la creación del Sindicato de Trabajadores Agrícolas Unidos (UFW).

En septiembre de 1965, miembros filipinos de la Asociación de Trabajadores Agrícolas iniciaron una huelga en contra de 32 empresas cultivadoras de uvas de mesa. Dos semanas más tarde, el 16 de septiembre de 1965, la NFWA se unió a ellos en la Huelga de la Uva en Delano, la cual se inició en 1965 y terminó en 1970. Los años siguientes fueron difíciles, pero a través de esfuerzos sostenidos, inclusive el activismo a nivel básico, boicots, marchas, organización comunitaria y resistencia pacífica, el Sindicato de Trabajadores Agrícolas logró negociar —por vez primera en la historia de los Estados Unidos— un acuerdo laboral colectivo con una corporación agrícola. El comité negociador fue integrado por trabajadores agrícolas y una madre soltera joven —Dolores Huerta.

Hay muchos otros logros pioneros que deben acreditarse a Dolores Huerta y al UFW, entre ellos procedimientos nuevos para la presentación de reclamos y arbitraje en nombre de los trabajadores agrícolas; los primeros beneficios de pensión y atención médica para trabajadores; planes para poner en práctica medidas de seguridad en los campos agrícolas; y una campaña publicitaria nacional e internacional sobre la exposición de trabajadores y consumidores a plaguicidas tóxicos. En 1974, Dolores Huerta ayudó a obtener beneficios por desempleo para los trabajadores agrícolas. El UFW formó el National Farm Workers Service Center, el cual proveía vivienda económica; y desarrolló una red de radio educativa, Radio Campesina, con más de nueve emisoras de programas en español en California, Washington y Arizona, donde se tratan problemas de importancia para los trabajadores agrícolas.

En 2003, después de jubilarse del UFW, y habiendo recibido de la Puffin Foundation/Nation Institute un premio personal —el *Award for Creative Citizenship,* de $100,000— Dolores Huerta decidió utilizarlo para establecer la Dolores Huerta Foundation. Esta Fundación está dedicada a la organización comunitaria y a programas de capacitación para el liderazgo entre comunidades de bajos ingresos sub-representadas, con énfasis en las mujeres y en la juventud. Por su extraordinaria obra humanitaria y por la continuación de sus esfuerzos, Dolores Huerta ha sido honrada también con otras prestigiosas distinciones, entre ellas, las siguientes: el *Eleanor D. Roosevelt Human Rights Presidential Award*, conferido por el Presidente Bill Clinton; el Premio Ohtli otorgado por el Gobierno de México; el *Outstanding Labor Leader Award* del Senado del Estado de California; la *Roger Baldwin Medal of Liberty* otorgada por la American Civil Liberties Union; el *Ellis Island Outstanding American Award*; el *Woman of the Year Award* de la Legislatura del Estado de California; el *100 Most Important Women of the 20th Century Award* de la *Ladies' Home Journal;* el *Labor Leader Award* de Kern County, California; el *Woman of the Year Award* de la Legislatura Estatal de California; y el *Hispanic Heritage Award.*

El impacto social de la labor de Dolores Huerta será imperecedero. Y el grito de lucha que Dolorés Huerta acuñó seguirá sirviendo de inspiración a generaciones futuras: *"¡Sí se puede!"*

p. 64

Latina Theatre Lab
Wilma Bonet, Dena Martínez & Tessa Koning-Martínez

The Latina Theatre Lab was co-founded in 1994 by three Latina theater artists in the San Francisco Bay Area. They wanted to create theater that would, first, go beyond the limited and ever-shrinking range of roles for which Latina actresses were considered; and second, reflect reality in communities seldom heard from onstage. Wilma, Dena, and Tessa have fine-tuned the use of the stage to meet these goals. Enthusiastic audiences have been treated, time and again, to productions filled with humor, drama, pathos, satire, and music.

Wilma Bonet brings to her performances a vast experience in acting, playwriting, directing, and teaching. She began her acting career in the Bay Area performing "guerrilla" street theater and went on to perform in illustrious theater companies throughout the United States, including the American Conservatory Theatre and El Teatro Campesino. She was a member of the Tony Award-winning San Francisco Mime Troupe from 1980 to 1986. While with the Mime Troupe, she received a Bay Area Theatre Critics Award and the Los Angeles Drama League Award for Outstanding Performance. During her artistic career, many additional awards have been bestowed upon Wilma Bonet for her work in television, and film; and she has had "the pleasure of passing on and teaching theatre to young students."

Dena Martínez—daughter, sister, wife, mother, and friend—has been in theater for over twenty years. She toured with the San Francisco Mime Troupe throughout the United States, Canada, Europe, and parts of Latin America. She will tell you that her participation in El Teatro Campesino strongly influenced the person she has become today, helping her to realize that there was no turning away from her appreciation of the theater. Having learned from her years in the theater of its tremendous power, she was eager to join Tessa and Wilma in bringing to life the Latina Theatre Lab, whose mission is "to provide for women theater artists of Latino heritage a professional environment in which they could write, act, direct, and produce original works."

Tessa Koning-Martínez's dream of life in the theater was inspired by reading the works of famous playwrights and being exposed to theatre at a young age. Her early interest in the stage was further encouraged by taking acting classes and being directed in the "Stanislavsky method" for her first theatrical production in New York. By the time she was 16, Tessa was immersed in street theatre, participating in productions meant to provoke controversy. While in Mexico, she trained in "physical theatre" techniques, which she considers *"importantísimo."* She will tell you that she is "a *veterana del teatro"* as well as a card-carrying member of the three performer's unions. "For me it is both individualistic and communal. It is about frustration, growth, heartache, and joyful energy."

Fervent theater enthusiasts, Wilma Bonet, Dena Martínez, and Tessa Koning-Martínez continue to use theater as an instrument to expand knowledge, understanding, and opportunity. They share the belief that the world profits when all voices, including the voices of multi-cultural and international communities, are integrated and can be heard.

El Latina Theatre Lab fue fundado en colaboración por tres artistas teatrales latinas del Área de la Bahía de San Francisco en 1994. Ellas deseaban crear un teatro que primero, superara la gama limitada y cada vez más restringida de papeles ofrecidos a actrices latinas; y segundo, reflejara la realidad de comunidades rara vez representadas en el teatro. Wilma, Dena, y Tessa han refinado el uso del escenario teatral para satisfacer estas dos metas. Los aficionados al teatro han tenido, una y otra vez, el gusto de ver producciones llenas de humor, drama, emoción, sátira y música.

Las actuaciones de Wilma Bonet reflejan una vasta experiencia en papeles dramáticos, en la preparación de guiones, en dirección y en enseñanza. Wilma comenzó su carrera artística en el Área de la Bahía actuando en presentaciones de teatro popular "de guerrilla" y de allí pasó a trabajar con prestigiosas compañías en todos los Estados Unidos, inclusive el American Conservatory Theatre y El Teatro Campesino. Su participación, de 1980 a 1986, en el famoso grupo teatral The San Francisco Mime Troupe le conquistó un *Tony Award* compartido. Mientras trabajó con la Mime Troupe, recibió el *Bay Area Theatre Critics Award* y el *Award for Outstanding Performance* de la Los Angeles Drama League. Durante su trayectoria artística, Wilma Bonet ha recibido muchos premios adicionales por su labor como directora de teatro, por su participación en producciones televisadas y en películas, y ha tenido "el placer de transmitir y enseñar las artes dramáticas a estudiantes jóvenes".

Dena Martínez —hija, hermana, esposa, madre y amiga— ha estado relacionada con el teatro durante más de veinte años. Ha participado en giras artísticas con The San Francisco Mime Troupe por todos los Estados Unidos, el Canadá, Europa y partes de la América Latina. Ella considera que su participación en El Teatro Campesino ejerció una influencia enorme en su vida y en su carrera como actriz, ayudándola a darse cuenta de que le sería imposible abandonar el aprecio que sentía por el teatro. Habiendo aprendido por su experiencia profesional el enorme poder del teatro, unió con entusiasmo sus esfuerzos a los de Wilma y Tessa para convertir en realidad el Latina Theatre Lab, cuya misión es "ofrecer a las artistas teatrales de ascendencia latina un ambiente profesional en el que puedan escribir, actuar, dirigir y producir obras originales".

El sueño de Tessa Koning-Martínez de tener una vida en el teatro se nutrió con su lectura de famosas obras teatrales y de su contacto, desde una edad muy temprana, con el teatro. Su interés por el teatro fue estimulado además por lecciones de actuación dramática y por haber actuado en su primera producción teatral en Nueva York bajo una dirección según el "método de Stanislavski". Al llegar a los 16 años de edad, Tessa ya estaba totalmente absorta por el teatro popular "de guerrilla", participando en producciones cuya intención era provocar controversias. Mientras vivió en México, estudio las técnicas del "teatro físico" que ella considera "importantísimo". Ella se describe como una "veterana del teatro" y está inscrita como miembro activo de los tres sindicatos de actores. "Para mí, el teatro es tanto individualista como comunal. Tiene que ver con frustraciones, crecimiento, penas, y una energía alegre".

Como fervientes profesionales del teatro, Wilma Bonet, Dena Martínez y Tessa Koning-Martínez continúan usando su arte para expandir conocimientos, comprensión y oportunidades. Las tres comparten la convicción de que el mundo se beneficia cuando todas las voces, inclusive las voces de comunidades multiculturales e internacionales, están integradas y se dejan escuchar.

p. 24

Aliza A. Lifshitz

Community Physician/Médica de la Comunidad

It is no surprise that Dr. Aliza A. Lifshitz of Los Angeles, California, has received what many consider the highest professional recognition of any Latino doctor in the United States. This illustrious distinction has grown out of her continuous efforts and involvement to increase medical care to our society's neediest.

Born and raised in Mexico City, she dreamt as a little girl of becoming a doctor. After graduating from medical school at the National Autonomous University of Mexico, she completed the studies for specialization in internal medicine and clinical pharmacology at Tulane University and Ochsner Medical Foundation in New Orleans, Louisiana. She did further post-graduate work in endocrinology at the University of California, San Diego. Dr. Lifshitz embarked on her dream and mission of patient care by starting a private practice in Los Angeles, California.

La Doctora, as she has become known among her patients, has become a spokesperson and leader in the field of medicine, not only in California but also at the federal level, because of her search for solutions for community health issues, compassionate patient care delivery, and health care advocacy through the media. She is a member of several medical associations, where she chairs committees and works in capacities ranging from the presidency to board membership, representing the health interests of low-income communities. Dr. Lifshitz is "one of the first Latina doctors to become involved in the AIDS problems in the Los Angeles area." Most of her patients have low incomes.

"I offer my medical services free of charge to many individuals who cannot pay and who are in danger of not receiving medical care. As a member of the Medical Ethics Committee of the American Medical Association, I believe it is my responsibility to offer compassion and respect for human dignity."

Dr. Lifshitz made her TV debut as a medical educator in 1986, on a local program in Los Angeles, and has appeared nationally since 1988 on Univisión, where she writes, produces and hosts a Spanish-language program on various health topics. As the medical editor of *Primer Impacto,* the highest-rated Spanish-language news magazine, she is able to dispense advice on health-related issues to a wide audience. She loves the opportunity to provide health information to millions of individuals, many of them immigrants in desperate need of medical care,. She is the author of a one-of-a-kind book for expectant mothers, titled *Mamá sana, bebé sano* (Healthy Mother, Healthy Baby), and writes a health column for *La Opinión,* the largest Spanish-language daily newspaper in the United States. She is a four-term President of the California Hispanic-American Medical Association, and a Charter Board Member of the National Association of Physician Broadcasters. She is the recipient of many prestigious awards. She has been recognized by the Comisión Femenil as a Woman Making History. She has also been honored by the USC School of Social Work as a Distinguished Contributor to Social Welfare, and by the Los Angeles Multicultural Area Health Education Center as Physician of the Year.

It is the mission of compassionate care that Dr. Aliza Lifshitz undertook many years ago that has become her legacy to posterity.

No es sorprendente que la Dra. Aliza A. Lifshitz de Los Ángeles, California, haya recibido el reconocimiento profesional que muchos consideran el mayor de cualquier médico latino en los Estados Unidos. Esta distinción ha emergido de sus esfuerzos continuos por aumentar los servicios de atención médica para los miembros más necesitados de nuestra sociedad.

Nacida y criada en el Distrito Federal de México, ella soñó desde niña con ser médica. Después de graduarse de la Facultad de Medicina de la Universidad Nacional Autónoma de México, completó sus estudios de especialización en medicina interna y farmacología clínica en Tulane University y en la Ochsner Medical Foundation de New Orleans, Louisiana. Luego, cursó estudios adicionales de postgrado en endocrinología en la Universidad de California, San Diego. La Dra. Lifshitz se embarcó en la carrera soñada durante su niñez y en el cumplimiento de su misión de atender pacientes al abrir su consultorio privado en Los Ángeles, California.

"La Doctora", como la llaman sus pacientes, se ha convertido en vocera y líder en el campo de la medicina, no sólo en California sino también a nivel nacional en los Estados Unidos, debido a su búsqueda de soluciones para problemas médicos de la comunidad, la atención médica compasiva que da a sus pacientes y su defensa en los medios de comunicación masiva del derecho a recibir servicios para la salud. Ella es miembro de varias asociaciones médicas, donde preside comités y labora en varias capacidades, desde su presidencia hasta la de miembro de sus juntas directivas, y donde su voz se escucha en representación de los intereses de comunidades de bajos ingresos. La Dra. Lifshitz fue "una de las primeras médicas latinas en esforzarse por resolver problemas del SIDA en el área de Los Ángeles". La mayoría de sus pacientes tienen ingresos bajos.

"Ofrezco mis servicios médicos gratis a muchas personas que no pueden pagar y que por ello corren el peligro de no recibir atención médica. Como miembro del Comité de Ética Médica de la Asociación Médica de los Estados Unidos, considero que tengo la responsabilidad de ser compasiva y respetar la dignidad humana".

La Dra. Lifshitz hizo su debut en la televisión como educadora médica en 1986, a través de una estación local de Los Ángeles y desde 1988 ha aparecido en la cadena nacional de Univisión, donde escribe y produce un programa en español sobre diversos tópicos de salud. Como editora médica de *Primer Impacto,* la revista noticiosa más prestigiosa publicada en español, ella dispensa consejos médicos a un vasto auditorio de hispanoparlantes. Le encanta la oportunidad de ofrecer información sobre la salud a millones de personas, muchas de ellas inmigrantes con necesidades médicas urgentes. Es la autora de un libro de gran originalidad para madres embarazadas titulado *Mamá sana, bebé sano* y escribe una columna sobre asuntos relacionados con la salud en *La Opinión,* el diario en español de mayor circulación en los Estados Unidos. Ha ocupado la presidencia de la Asociación Médica Hispanoamericana de California durante cuatro períodos, y es miembro fundador de la organización The National Association of Physician Broadcasters. Es titular de numerosas distinciones honoríficas. Fue reconocida por la Comisión Femenil como *Woman Making History.* La USC School of Social Work la nombró *Distinguished Contributor to Social Welfare,* y el Multicultural Area Health Education Center de Los Ángeles la nombró *Physician of the Year.*

La misión de ofrecer atención médica compasiva que la Dra. Aliza Lifshitz emprendió hace muchos años constituye su legado para la posteridad.

p. 44

Ortensia López

Community Programs Advocate/Defensora de Programas Comunitarios

Originally from Los Angeles, Ortensia López, after finishing her college education, moved to San Mateo, California, where she has lived since 1975. The second of eleven children of parents from Mexico, she was the first member of her family to graduate from college.

For over 25 years, Ortensia has distinguished herself as a community leader, working on Latino issues. She is a founding member and the current Executive Director of El Concilio of San Mateo County, a coalition of twenty-four Latino service providers. El Concilio's mission is to improve the quality of life for Latinos by promoting leadership development, increasing opportunities, and ensuring access to high-quality health care for all. Prior to this involvement, Ortensia co-founded and was the Chief Executive Officer of the Bay Area Latino Non-Profit Association, whose focus is to expand the organizational and management capacity of Latino non-profit organizations that have an impact on the welfare of Latino communities.

With little time to spare, Ortensia has managed to serve as Chairperson of the Greenlining Institute and the Latino Issue Forum, Vice Chairperson for the Health Plan of San Mateo, past President and Treasurer of the Chicana/Latina Foundation, officer in the California Hispanic Chamber of Commerce, and President of the San Mateo County Hispanic Race Relations Committee. She was appointed to the Union Bank of California Community Advisory Board, the California Energy Efficiency Commission, the San Francisco Foundation Awards Committee, the California Community/Business partnership on Diversity, and the Partnership for Public Health, and was appointed by John L. Burton, President pro tempore of the California State Senate, to serve on the Commemorative Seals Advisory Committee. She has lent her services to many other organizations in the San Francisco Bay Area.

Ortensia López has been the recipient of many awards, among them KQED's Local Hero Award, the Hispanic Achievement Award (in the family category) from *Hispanic Magazine*, Honor for Leadership and Ongoing Commitment to Women and Girls from the Women's Foundation, the Outstanding Leader Award, and the Adelita Award from the City and County of San Francisco. She was Grand Marshall for San Francisco's Cinco de Mayo Parade. She has received the Lifetime Leadership Award from the Latin American Student

Organization, and was inducted into the San Mateo County Women's Hall of Fame in 1995. The prestigious Simón Bolívar Leadership Award was presented to her in 1999 by the Hispanic Community Foundation in San Francisco. She was selected as a Woman Who Could Be President by the League of Women Voters, and received the California Latino Civil Rights Network Award for her community activism.

Curious and hopeful about the future, Ortensia López uses her knowledge to continue extending support to the well-being of Latino communities.

Originaria de Los Ángeles, Ortensia López, después de completar sus estudios de educación superior, se trasladó a San Mateo, California, donde ha residido desde 1975. La segunda de once hijos de padres mexicanos, fue el primer miembro de su familia que se graduó con un título universitario.

Por más de 25 años, Ortensia se ha distinguido como líder de la comunidad, trabajando para resolver problemas particulares de los latinos. Fue miembro fundador, y es la actual Directora Ejecutiva, de El Concilio del Condado de San Mateo, integrado por una coalición de veinticuatro proveedores de servicios para los latinos. La misión declarada de El Concilio es mejorar la calidad de vida para latinos mediante la capacitación de líderes, el aumento de las oportunidades y la garantía de servicios de salud de alta calidad para todos. Antes de ocupar su presente cargo, Ortensia fue una de las co-fundadoras y Ejecutiva Principal de la Bay Area Latino Non-Profit Association, cuyo propósito fue expandir la capacidad organizativa y administrativa de las organizaciones latinas sin fines de lucro que impactan el bienestar de comunidades latinas.

Con poco tiempo a su disposición para ello, Ortensia ha logrado servir como Presidenta de The Greenlining Institute y del Latino Issue Forum, Vicepresidenta del Health Plan of San Mateo, Presidenta y Tesorera de The Chicana/Latina Foundation, oficial de la Cámara de Comercio Hispana de California y Presidenta del San Mateo County Hispanic Race Relations Committee. Ha sido nombrada como miembro de la Junta Asesora Comunitaria de Union Bank of California, de la California Energy Efficiency Commission, del San Francisco Foundation Awards Committee, de la California Community/Business Partnership on Diversity y de la Partnership for Public Health. John L. Burton, Presidente pro tempore del Senado de California, la nombró como miembro del Commemorative Seals Advisory Committee. Ortensia ha ofrecido sus servicios a muchas otras organizaciones en el Área de la Bahía de San Francisco.

Ortensia López ha recibido numerosos reconocimientos, entre ellos, el *Local Hero Award* de KQED, el *Hispanic Achievement Award* (en la categoría familias) de *Hispanic Magazine*, *Honor for Leadership and Ongoing Commitment to Women and Girls* de The Women's Foundation, el *Outstanding Leader Award* y el *Adelita Award* de la Ciudad y Condado de San Francisco. Fue nombrada *Grand Marshall* para el Desfile del Cinco de Mayo en San Francisco. Recibió el *Lifetime Leadership Award* de la Latin American Student Organization, y en 1995 fue elegida para ingresar al *Women's Hall of Fame* del Condado de San Mateo. The Hispanic Community Foundation de San Francisco le concedió en 1999 el prestigioso *Simón Bolívar Leadership Award*. La Liga de Mujeres Votantes la escogió como una *Woman Who Could Be President*. Su activismo comunitario la hizo merecedora del *Latino Civil Rights Network Award* de California.

Curiosa y optimista en cuanto al futuro, Ortensia López continúa aplicando sus conocimientos para apoyar el bienestar de las comunidades latinas.

p. 19

Yolanda López

Artist/Artista

"In an image-driven global culture, what interests me as a visual artist is the power and impact of pictures. I like to work with familiar and common icons, because people recognize them immediately. Ultimately, what drives my artwork is exploring how pictures affect consciousness and consensus in our pursuit of social and economic justice."

Growing up ten minutes from the Mexican/United States border, Yolanda López was infused with a bicultural perspective. Both English and Spanish were spoken in her home, though her grandparents chose to speak in Spanish. Their influence on Yolanda included their love of operas and music from their native Mexico. They witnessed and understood the early struggles of farm workers, and made financial donations to the United Farm Workers Union to help them in their first attempts to organize. Yolanda's grandfather, a tailor by trade, introduced her to the use of woodshop tools to create and rebuild. Together, her grandparents taught her "to dream and to love *'La vida brava'*" (The Brave Life). Her mother, who worked as a presser in a hotel and in several French laundries when Yolanda was a child, eventually became an accomplished seamstress. She introduced her young children to drawn images when she gave them Donald Duck and Little Lulu comic books, and encouraged their creativity by giving Yolanda, when she was a young adult, a drill with a set of bits. Yolanda will tell you she also learned from her mother about "the sacredness of a union picket line."

In merging her critical thinking with the thought of the Chicano Civil Rights Movements of the late 1960's, Yolanda solidified her artistic values. She emerged as a Chicana feminist, a socially conscious artist who elicited dialogue and refocus. "Chicano culture will be brought with us on our way to social, political, and economic justice." Accordingly, her work is inseparable from her ideals. Soon after moving to San Francisco in 1968, she became part of the San Francisco State University Third World Strike. It was also during this time that she began working in Mission District of San Francisco with *Los Siete de La Raza,* thereby defining her identity as a community artist. In 1978, Yolanda received her Master of Fine Arts from the University of San Diego and created her renowned painting, "Portrait of the Artist as the Virgin of Guadalupe," using the image to depict a female role model for Chicanas.

As a Chicana "artistic provocateur" and community activist, Yolanda López is an agent of social change who embraces progressive thought for her Latino community and for society at large. By presenting her perspective visually, she hopes to attract viewers and to effect new revelations in thought and in practice.

"En una cultura global impulsada por las imágenes, lo que a mí me interesa como artista visual es el poder y el impacto de las pinturas. Me gusta trabajar con iconos familiares y comunes, porque la gente los reconoce de inmediato. Al final, lo que anima a mi obra artística es la exploración de la manera en que las pinturas afectan nuestra conciencia y el consenso que nos formamos en nuestro deseo de lograr la justicia económica y social".

Criada a diez minutos de la frontera entre México y los Estados Unidos, Yolanda López adquirió una perspectiva bicultural. En su hogar se hablaba tanto inglés como español, aunque sus abuelos elegían hablar siempre en español. La influencia que ellos ejercieron en Yolanda incluía su amor por la ópera y por la música de México, su país nativo. Ellos presenciaron y comprendieron las luchas iniciales de los campesinos y contribuyeron con donaciones económicas en apoyo del Sindicato de Trabajadores Agrícolas Unidos en sus primeros esfuerzos de organización sindical. El abuelo de Yolanda, cuyo oficio era el de sastre, le enseñó a utilizar herramientas para trabajar la madera con el fin de aprender a construir y reconstruir objetos. Junto con sus abuelos aprendió también "a soñar y a amar *'La vida brava'*". La madre de Yolanda, quien al principio trabajaba como planchadora en un hotel y en varias lavanderías francesas, se convirtió con el tiempo en una excelente costurera. Ella presentó imágenes a sus hijos pequeños comprándoles revistas de historietas del Pato Donald y de La Pequeña Lulú. También fomentó la creatividad manual de Yolanda como adolescente, al regalarle un taladro con su juego de brocas. Yolanda recuerda que desde muy pequeña había aprendido de su madre también que "los piquetes sindicales eran sagrados".

Al fusionar su pensamiento crítico con las ideas del Movimiento de los Derechos Civiles Chicanos hacia finales de la década de 1960, Yolanda solidificó sus valores artísticos. Emergió entonces como feminista chicana y como artista de conciencia social que suscitaba diálogos y un enfoque nuevo. "La cultura chicana la llevaremos con nosotras a lo largo del camino hacia la justicia social, política y económica". Por consiguiente, su obra artística y sus ideales son inseparables. Poco después de mudarse a la ciudad de San Francisco en 1968, se incorporó a la Huelga del Tercer Mundo en San Francisco State University. Fue también durante esta época que comenzó a trabajar en el Distrito de la Misión con *Los Siete de La Raza,* definiendo así su identidad como artista comunitaria. En 1978, Yolanda recibió su grado de Maestría en Bellas Artes de San Diego University y creó su famosa pintura titulada *Retrato de la artista como la Virgen de Guadalupe*, utilizando esta imagen para crear un modelo femenino para las chicanas.

Como artista chicana incitadora de controversias y como activista comunitaria, Yolanda López es una agente de cambio social que ha adoptado ideas progresistas para su comunidad latina y para la sociedad en general. Al presentar visualmente su perspectiva social, ella espera atraer espectadores y lograr revelaciones nuevas tanto en el ámbito conceptual como en el ámbito práctico.

p. 50

Los Cenzontles
Violeta Contreras, Fabiola Trujillo, Lucina Rodríguez, and Josie Luna

Cenzontle (sen-*sont*-lay) is the Nahuatl* word for mockingbird, the "bird of a hundred voices". Los Cenzontles are young performers who, since 1989, have been learning to interpret Mexican songs and dances. The Los Cenzontles Mexican Arts Center was formed in 1994 "to employ the arts and culture to strengthen youth, their families, and the community at large."

After the tragic death of a young member of their community, Eugene Rodríguez and Alicia Marines, aware that the young members of the community had no one to turn to in their grief and that no one was making an effort to reach them, formed the Center, which they co-direct.

> *"We were seeing inappropriate expressions manifested in the community that further maximized negativity among our youth. In looking for a healing, helping process, we felt that the strength of cultural traditions could be used as a way to help the kids, and that is why we formed the cultural arts center".*

As young people in the community began, one by one, to discover their Latino roots through the arts, they began to accept and adopt the positive values of their families. With newly-found pride, involvement and direction, these young people have proved that they are able to turn away from destructive behavior. By modeling positive lifestyles, they have become planters of seeds to produce healthier communities. The Los Cenzontles Touring Youth Group gives over 100 performances a year, 50 of them in public schools in the San Francisco Bay Area.

Some 300 students now take weekly classes at the Center, which received the Arts Certificate of Excellence from the National Endowment for the Arts in 2000, for its work on behalf of youth. Located in the heart of the

Latino community in San Pablo, California, the Center offers classes in Mexican music, dance, painting history, and cooking. Through the singing classes, the Los Cenzontles Chorus Group was developed and has gone on to sing and record Mexican music that "makes even older men weep." Their recordings, rich in traditional music, include "Papa's Dream," a children's CD with Los Lobos and Lalo Guerrero nominated for the Grammy Award for the Best Musical Album for Children. Los Cenzontles have also been featured in *Manuel Ocampo: God is My Co-Pilot,* a documentary film made by Phillip Rodríguez; in *El Corrido de Cecilia Ríos,* a short film by Kristy Guevara Flanagan; and in John Bishop's Fandango Project.

The young students at the Los Cenzontles Mexican Arts Center, represented here by Violeta Contreras, Fabiola Trujillo, Lucina Rodríguez, and Josie Luna, find that their voices, resonating far beyond their immediate environment, can open new worlds for them. A deepened awareness of the richness inherent in being Americans of Latino descent has empowered them to take giant steps forward on their own behalf and on behalf of others.

* an indigenous language of Mexico

Cenzontle es el nombre náhuatl del "pájaro de cien voces". Los Cenzontles son músicos jóvenes que, desde 1989, han venido aprendiendo a interpretar canciones y danzas mexicanas. El Centro de Arte Mexicano Los Cenzontles se fundó en 1994, con el fin de "emplear las artes y la cultura para fortalecer a la juventud, a sus familias y a la comunidad en general".

Después de la muerte trágica de un miembro joven de su comunidad, Eugenio Rodríguez y Alicia Marines, conscientes de que los jóvenes de esa comunidad no tenían a quién dirigirse para desahogar su pena y que nadie hacía nada para ayudarles, decidieron formar el centro que ellos ahora dirigen.

> *"Observábamos expresiones inapropiadas que se manifestaban en la comunidad y que contribuían a intensificar la negatividad en nuestra juventud. En la búsqueda de un proceso para subsanar este mal y ayudar a los jóvenes, consideramos que la fuerza de las tradiciones culturales podría utilizarse como una manera de ayudarles, y es por eso que decidimos crear el centro de artes culturales".*

A medida que los miembros jóvenes de la comunidad iban descubriendo, uno por uno, sus raíces latinas a través del arte, comenzaban a aceptar y a adoptar los valores positivos de sus familias. Con el orgullo, la participación y la dirección recién descubiertos, estos jóvenes han comprobado que pueden abandonar su conducta destructiva. Modelando estilos de vida positivos, han comenzado a sembrar las semillas que contribuirán a crear comunidades más sanas. El grupo Los Cenzontles Touring Youth Group presenta más de 100 espectáculos por año, 50 de ellos en las escuelas públicas del Área de la Bahía de San Francisco.

Cerca de 300 estudiantes toman actualmente clases semanales en el Centro, el cual recibió, en el año 2000, el *Arts Certificate of Excellence* otorgado por la National Endowment for the Arts por su labor en beneficio de la juventud. Ubicado en el corazón de la comunidad latina en San Pablo, California, el Centro ofrece clases en la música, danza, pintura, historia y cocina de México. De las clases de canto surgió el grupo coral Los Cenzontles, el cual canta y graba música mexicana que "pone a llorar hasta a los viejitos". Sus grabaciones, ricas en la música tradicional, incluye el CD *Papa's Dream,* con Los Lobos y Lalo Guerrero, grabación que fue nominada para recibir el *Grammy Award* por el mejor álbum musical para niños. Los Cenzontles participaron también en *Manuel Ocampo: God is My Co-Pilot,* un documental filmado por Phillip Rodríguez; en *El Corrido de Cecilia Ríos,* una película de corto metraje de Kristy Guevara Flanagan; y en el *Fandango Project* de John Bishop.

Los estudiantes jóvenes del Centro de Arte Mexicano Los Cenzontles, representados aquí por Violeta Contreras, Fabiola Trujillo, Lucina Rodríguez y Josie Luna, han descubierto que sus voces, resonando mucho más allá de su entorno inmediato, pueden abrir mundos nuevos para ellos. Una comprensión más profunda de la riqueza inherente a su condición de estadounidenses de ascendencia latina ha animado a estos jóvenes a dar pasos gigantescos hacia el futuro en beneficio propio y en beneficio de otros.

p. 5

Mónica Lozano

Spanish-Language Newspaper Publisher/Editora de un Periódico en Español

Mónica Lozano is the President and Chief Operating Officer of *La Opinión,* the largest Spanish-language daily newspaper in the Unites States. She is also the Senior Vice President of ImpreMedia, a member of the Board of Trustees of the University of Southern California, and a member, appointed by Governor Gray Davis in 2001, of the Board of Regents of the University of California, on which she is to serve a 12-year term.

The Lozano newspaper enterprise was started with La Prensa in San Antonio, Texas, by Mónica's grandfather, Ignacio E. Lozano, Sr., in 1913. Publication of La Opinión began in 1926, in Los Angeles. Ignacio Lozano's goal was to provide Spanish-speaking communities with news that was objective and independent from outside interests. He proudly spoke of the responsibility of a Spanish-language newspaper to uphold truth, critique issues affecting Latino communities on both sides of the border, and promote the spiritual link between individuals and their communities. The Lozano family published newspapers that earned the highest regard among independent Spanish-language newspapers, a distinction recognized by the Congress of the Latin Press.

Under the expert editorial direction of Mónica Lozano, *La Opinión* upholds its original mission and ethics, and has continued to flourish and to expand its circulation. It has strategically positioned itself for future growth while maintaining its reputation as the leading Spanish-language print media outlet in the United States. It has received numerous awards, including the Best Hispanic Daily Newspaper Award from the National Association of Hispanic Publications, the National Award for Excellence from the Mexican Press Association, and the Community Service Award from the Inter-American Press Association for its reporting on hemispheric issues. The newspaper has been recognized by such organizations as the State Bar of California, the U.S. Small Business Administration, and the Southern California Association of Governments for its reporting on social, civic, and political issues. Partnering with Radio Única, *La Opinión* provides local content on national all-news stations, and in collaboration with Univisión, co-produces a public affairs television program which is broadcast throughout California.

In addition to her stewardship of *La Opinión,* Mónica Lozano volunteers for many organizations. She serves on the Board of Directors of Sun America Asset Management Corporation, and is active in the California Health Care Foundation, the Fannie Mae Foundation, the National Council of La Raza, the Los Angeles County Museum of Art, the Los Angeles Annenberg Metropolitan Project, the Union Bank of California, and the Walt Disney Corporation. She was appointed President of the California State Board of Education by Governor Gray Davis.

Mónica Lozano possesses a deep understanding of the importance of keeping *La Opinión* true to its traditions. She ensures that it continues to inform the public accurately and to reaffirm a Latino perspective. This is the legacy of *La Opinión,* and this is the signature of Mónica Lozano.

Mónica Lozano es la Presidenta y Jefe de Operaciones de *La Opinión,* el diario en español de mayor circulación en los Estados Unidos. Es también Vicepresidenta Principal de ImpreMedia, miembro de la Junta de Fideicomisarios de The University of Southern California y miembro de la Junta de Regentes de la Universidad de California, cargo que ejerce por nombramiento del Gobernador Gray Davis en el 2001, y en el cual prestará servicios por un término de 12 años.

La empresa periodística de los Lozano comenzó con *La Prensa* en San Antonio, Texas, publicada por el abuelo de Mónica, Ignacio E. Lozano, Sr., en 1913. La publicación de *La Opinión* comenzó en 1926, en Los Ángeles. El propósito de Ignacio Lozano fue el de ofrecer a las comunidades hispanas un servicio de noticias objetivo e independiente de intereses externos. Él hablaba con orgullo de la responsabilidad de un periódico en español de defender la verdad y de criticar los problemas que afectaban a las comunidades latinas en ambos lados de la frontera. Este periódico debía también fomentar los lazos espirituales entre las personas y sus comunidades. La familia Lozano publicó periódicos que adquirieron el mayor respeto y prestigio entre los periódicos hispanos independientes, una distinción reconocida por el Congreso de la Prensa Latina.

Bajo la dirección editorial experta de Mónica Lozano, *La Opinión* mantiene su misión y su ética original, y ha seguido floreciendo y expandiendo su circulación. El periódico está estratégicamente posicionado para continuar su crecimiento en el futuro, mientras mantiene su reputación como uno de los conductos principales de la prensa escrita en español dentro de los Estados Unidos. *La Opinión* ha sido objeto de importantes distinciones en la industria periodística, entre ellas, Diario Hispano Excepcional, Primer Lugar de la Asociación Nacional de Publicaciones Hispanas, el Premio Nacional por Excelencia de la Asociación Mexicana de Prensa, y el Premio por Servicios a la Comunidad de la Sociedad Interamericana de Prensa, por sus reportajes de problemas hemisféricos. El periódico ha sido reconocido por entidades y organizaciones como el State Bar of California, la U.S. Small Business Administration y la Southern California Association of Governments por sus reportajes sobre temas sociales, cívicos y políticos. En colaboración con Radio Única, *La Opinión* ofrece contenido local a través de estaciones dedicadas a las noticias, y en colaboración con la cadena de Univisión, co-produce un programa de televisión sobre temas de interés público que se transmite en toda California.

Además de sus responsabilidades en *La Opinión,* Mónica Lozano ofrece servicios como voluntaria en numerosas organizaciones. Es miembro de la Junta Directiva de Sun America Asset Management Corporation y participa activamente en la California Health Care Foundation, la Fannie Mae Foundation, el National Council of La Raza, el Los Angeles County Museum of Art, el Los Angeles Annenberg Metropolitan Project, el Union Bank of California y la Walt Disney Corporation. Fue nombrada Presidenta de la California State Board of Education por el Gobernador Gray Davis.

Mónica Lozano posee una profunda comprensión de la importancia de mantener a *La Opinión* fiel a su tradición. Su labor editorial asegura que el periódico continúe ofreciendo información con exactitud dentro del contexto de su perspectiva latina. Éste es el legado de *La Opinión,* y la rúbrica que Mónica Lozano le imprime.

p. 29

Irma Luna

Community Outreach Worker/Trabajadora de Enlace Comunitario

"Migrant and seasonal farm workers are an invisible portion of our society. This population has always been undercounted in the census, which leads to less than representative participation in our government and perpetuates marginal, sub-standard living and working conditions."

Irma Luna is known for her advocacy on behalf of those who would otherwise not be heard or defended. California Rural Legal Assistance, Inc., (CRLA) provides education about civil rights from field site to field site. Community outreach has become a lifeline for the Latino and indigenous people who work in the fields of California. The CRLA outreach workers confront the adversaries, and have been trained to identify violations and to document incidents. They have become the eyes and ears of the legal experts who litigate cases for the farm workers, providing them with the genesis of "justice, hope, dignity, and respect." For many years, Irma has witnessed injustices against indigenous populations in the United States and Mexico. "We ourselves know that even though we may be poor in material things, our rich, deep-rooted indigenous culture provides us with the necessary spiritual connection and strength to survive." In Mixtec, Irma Luna's native language, you will often hear phrases with the word *De.* This word is equivalent to the Spanish expression *con ganas,* and to the English expression "with gusto". Irma's *De* is evident in the enthusiasm with which she approaches her work.

Irma's job description includes the following tasks:

1. *Gathers information through field inquiry and other research-related methods in support of potential cases and litigation. Represents clients' interests on labor rights, civil rights at forums, appropriate to a non-lawyer. Serves as a Certified Interpreter for the INS Courts and assists in the document preparations for Labor Commission hearings.*

2. *Organizes indigenous woman's programs in the Fresno area as Coordinator and Board Member of Frente Indígena Oaxaqueño Binational."*

Through Radio Bilingüe, broadcast from Fresno, California, Irma Luna provides important information to her community on the only Mixtec radio program in the United States. Her efforts have earned her the Living the Dream Award from the Martin Luther King Unity Committee. She remains confident of the destiny of her community, believing that rightful attention will be given in the future to those whom today's society keeps in second place. She looks forward to the day when the focus of her work changes from defense of her people to helping place them in positions as teachers, thus ensuring that society benefits from the acquisition of new perspectives. "I learned to speak Spanish and English as an adolescent, but it wasn't at the expense of my Mixtec language and culture." She was adding pieces to an already rich tapestry and further enriching it.

"Los trabajadores agrícolas itinerantes y estacionales forman un sector invisible de nuestra sociedad. Esta población ha sido siempre subestimada en los censos, lo cual da por resultado su falta de representación en nuestro gobierno, y perpetúa condiciones marginales y sub-estándares de vida y de trabajo".

A Irma Luna se la conoce debido a su labor en favor de quienes de otra manera ni se les escucharía ni se les defendería. Asistencia Legal Rural de California (CRLA) ofrece servicios de educación sobre los derechos civiles a través de personal que visita los sitios de trabajo. Este enlace comunitario se ha convertido en una cuerda de salvamento para los latinos e indígenas que trabajan en los campos agrícolas de California. Los trabajadores de CRLA se enfrentan a los adversarios, y han recibido capacitación para identificar violaciones y documentar casos. Ellos se han convertido en los ojos y oídos de los expertos legales que inician litigios en favor de los campesinos, permitiéndoles vislumbrar algo de "justicia, esperanza, dignidad y respeto". Durante muchos años, Irma ha presenciado las injusticias cometidas contra las poblaciones indígenas de los Estados Unidos y de México. "Nosotros mismos sabemos que aunque somos pobres en cosas materiales, la riqueza de nuestra cultura hondamente arraigada nos ofrece la fuerza y la conexión espiritual que necesitamos para sobrevivir". En mixteca, la lengua materna de Irma, uno escucha con frecuencia frases que incluyen la palabra *De*. Esta palabra es equivalente a la expresión "con ganas" en español, o a la expresión inglesa *with gusto*. El *De* de Irma se manifiesta en el entusiasmo con que hace su trabajo.

La descripción del cargo de Irma incluye las siguientes tareas:

1. *Recopila información por medio de investigaciones de campo y otros métodos de investigación en apoyo de casos potenciales de litigio. Representa los derechos de los clientes en foros de derechos laborales y de derechos civiles apropiados para alguien sin título de abogada. Sirve como intérprete certificada en las cortes de inmigración y ayuda en la preparación de documentos para audiencias de la Comisión Laboral.*

2. *Organiza programas para mujeres indígenas en el área de Fresno como coordinadora y miembro de la Junta Directiva del Frente Indígena Oaxaqueño Binacional".*

A través de Radio Bilingüe, transmitida desde Fresno, California, Irma Luna ofrece información importante a su comunidad en el único programa de radio ofrecido en la lengua mixteca en los Estados Unidos. Por sus esfuerzos, ha recibido el premio *Living the Dream* otorgado por The Martin Luther King Unity Committee. Ella mantiene su fe en el destino de su comunidad, convencida de que en el futuro, aquéllos a quienes la sociedad mantiene ahora relegados a un segundo lugar recibirán la atención a que tienen derecho. Ella sueña con el día cuando su enfoque profesional no sea tanto defender a los indígenas sino ayudarles a ocupar cargos como maestros, para asegurar que la sociedad se beneficie con la adquisición de perspectivas nuevas. "Yo aprendí a hablar español e inglés como adolescente, pero lo hice sin sacrificar mi lengua y mi cultura mixtecas". Ella simplemente añadía elementos nuevos al tapiz de su vida para enriquecerlo más.

p. 62

Elsa E. Macías

Education Research and Development Specialist/Especialista en Investigación y Desarrollo Educativo

Elsa E. Macías, PhD, is the Director of Research and Development of the Center for Urban Education at the University of Southern California. Her work addresses educational and social barriers in urban settings. Through her research, she defines programs for educational environments, to help students effect successful academic transitions from kindergarten through university graduate studies. Dr. Macías's projects examine the needs of specific demographic groups for communication and information. She is in a unique position, using current technology to develop educational strategies and to keep policymakers and political officials at the federal, state and local levels informed. She has also served the National Academy of Sciences (NAS) in an advisory capacity.

Dr. Macías is originally from Arizona and grew up in a family of farm workers. Many prestigious awards and honors marked her journey as a young student. In 1991, she was inducted into the Phi Kappa Phi National Honor Society and the Pi Alpha National Honor Society of Public Administration. She was awarded the prestigious Patricia Roberts Harris Fellowship at Arizona State University to continue her graduate work from 1991 to 1994. In 1994, she received her doctorate in Public Administration from Arizona State University. Her dissertation was titled "The Fetal Tissue Transplantation Research Issue: Implications for Science Policy"

After graduate school, Dr. Macías brought her expertise as a policy analyst to the Tomás Rivera Policy Institute (TRP) in Claremont, California, a major "think tank" for public policy. As Director of Information Technology Research at TRP, her work was motivated by her knowledge that computer technology, especially the internet, impacts wide-ranging areas of life, such as economics, politics, and education, in the United States and around the world. She has strongly advocated the use of information technology in educational systems at all levels. She stresses that in order to meet our current and future needs, institutions must make a serious investment in the training and education of untapped segments of our population.

Dr. Macías has remained steadfast in her professional goal to produce research in support of the development of disadvantaged populations in the United States, and to offer policy suggestions for redirecting this human potential to the cause of national progress. She has a busy schedule, staying involved with professional associations and organizations that share her focus on the importance of education and community advancement. But she also takes great joy in volunteering at the grass-roots level with young people. She volunteers for Junior Achievement of Central Arizona, and for Free Cash for College Day, sponsored by the City of Los Angeles; appears as a guest speaker at Pomona Youth Leadership Program, sponsored by the League of United Latin American Citizens (LULAC); and is a presenter for the Latino Scholastic Achievement Corporation at the Latina Institute Conference. She was a Science Fair Judge at Dan T. Williams Elementary School in Rosemead, California, and at King/Drew Medical Magnet High School in Los Angeles, and is frequently a guest speaker at high school science classes throughout Los Angeles. As a mentor of young students, she gains "enormous pride as the students excel."

Dr. Elsa Macías is committed to ensuring the education of our country's youth in accordance with its best ideal: to develop, in all communities, citizens of the United States who have the potential to exert a favorable impact on the world at large.

La Dra. Elsa E. Macías es la Directora de Investigación y Desarrollo del Center for Urban Education de The University of Southern California. Sus labor encara los obstáculos educativos y sociales en el entorno urbano. Mediante sus investigaciones, ella define programas educativos para ayudar a los estudiantes a realizar con éxito transiciones escolares desde el kindergarten hasta el postgrado. Los proyectos de la Dra. Macías examinan las necesidades específicas de grupos demográficos en cuanto a comunicaciones e información. Ella se encuentra en una posición única, utilizando la tecnología actual para desarrollar estrategias educativas y para mantener informados a los responsables de formular políticas educativas y a las autoridades federales, estatales y locales. La Dra. Macías ha prestado servicios de asesoría también en la Academia Nacional de Ciencias (NAS).

La Dra. Macías es originaria de Arizona y creció en el seno de una familia de trabajadores agrícolas. Durante su formación académica, recibió numerosos premios y honores. En 1991, fue elegida a la Phi Kappa Phi National Honor Society y a la Pi Alpha National Honor Society of Public Administration. Arizona State University le confirió la prestigiosa beca Patricia Roberts Harris para que continuara sus estudios de postgrado de 1991 a 1994. En este último año, recibió su Doctorado en Administración Pública de la mencionada universidad. El tema de su disertación doctoral fue *"The Fetal Tissue Transplantation Research Issue: Implications for Science Policy"*.

Después de completar sus estudios de postgrado, la Dra. Macías recibió el nombramiento de analista de políticas en el Tomás Rivera Policy Institute (TRP) de Claremont, California, un organización asesora para la formulación de políticas públicas. Como Directora de Investigaciones sobre la Tecnología de Información de dicho instituto, su labor fue motivada por su conciencia de que las técnicas de computación, y particularmente la internet, ejercen un impacto sobre áreas extensas de la vida, tales como la economía, la política y la educación, tanto en los Estados Unidos como alrededor del mundo. Ella ha sido una ferviente proponente del uso de la tecnología de la información en todos los niveles de los sistemas educativos. Ella subraya el hecho de que para satisfacer nuestras necesidades presentes y futuras, las instituciones deben hacer inversiones significativas en la capacitación y educación de segmentos no explorados de nuestra población.

La Dra. Macías ha mantenido con firmeza su objetivo profesional de fomentar la investigación en apoyo del avance de las poblaciones desventajadas de los Estados Unidos y de ofrecer sugerencias políticas para reencauzar este potencial humano hacia el progreso nacional. Ella mantiene un horario de trabajo intenso, participando también en asociaciones y organizaciones profesionales que comparten su convicción acerca de la importancia de la educación y el progreso de la comunidad. Pero disfruta con igual intensidad de su contribución como voluntaria en esfuerzos a nivel básico en favor de la juventud. Participa como voluntaria en organizaciones como Junior Achievement of Central Arizona y Free Cash for College Day, organizado bajo el patrocinio de la ciudad de Los Ángeles; ha sido conferenciante invitada por el Pomona Youth Leadership Program, un programa patrocinado por la League of United Latin American Citizens (LULAC); y como presentadora para la Latino Scholastic Achievement Corporation en la Latina Institute Conference. Fue invitada como jueza de la Feria de Ciencias organizada por la escuela primaria Dan T. Williams Elementary School en Rosemead, California, y en la escuela secundaria King/Drew Medical Magnet High School de Los Ángeles. Participa con frecuencia como conferenciante en clases de ciencias en las escuelas de Los Ángeles. Como mentora de estudiantes jóvenes, ella experimenta "un gran orgullo al ver a los estudiantes descollar en sus estudios".

La Dra. Elsa Macías se ha dedicado a asegurar la educación de la juventud de nuestro país conforme a su mejor ideal: desarrollar en todas las comunidades ciudadanos con la capacidad potencial para crear un impacto favorable en el mundo.

p. 25

Lía Margolis

Health Advocate/Defensora de la Salud

Lía Margolis's interest in community service, especially health care for those in need, was aroused at an early age. Born and raised in the Los Angeles area by Mexican American parents who worked very hard to provide for the family, Lía saw first-hand the health and social disadvantages experienced by low-income families.

> *"I am convinced that my youth has served to prepare me for the work I do today. I possess an understanding of the needs of working families and how so often they are denied the full richness of this our great state and country. I am fully aware, through personal knowledge, that my Latino culture has made important contributions, and therefore I am morally obligated to act and advocate for that which is right."*

Lía has become a highly respected health care expert with more than twenty years of experience in executive posts in the Los Angeles County Health Department. In 1998, she established a consulting firm, Lía Margolis & Associates, in anticipation of early retirement. When she retired in 2000, the Board of Directors of the Latino Coalition for a Healthy California (LCHC) asked her to assume the role of president and chief executive officer of that organization because the agency had fallen on hard times. She took a leave from her private enterprise to serve pro bono for two years. First, she moved LCHC from its base in San Francisco to Sacramento, the capital city of California and the hub of state policy, and raised nearly $800,000 to stabilize the organization financially. She then turned her efforts to securing the reputation of the LCHC as a leading voice for health access in California.

The motto of Lía Margolis & Associates is "Planning to Make Things Happen," and the firm has gained a strong reputation for doing just that. Working with Dr. Juan Villagómez, Lía became the primary consultant on the project to combine several Latino physician groups into what is now the California Latino Medical Association (CALMA). Today, her firm specializes in supporting non-profit organizations that serve communities of color, raising millions of dollars for them by providing consultation and assistance with grant writing, marketing planning, and organizational development. The firm has created a client base that includes health, philanthropic, government, and social service agencies, as well as corporations. With a cadre of associates throughout the United States, Lía has created and developed a model firm that provides a wide range of timely expertise and consulting services at a reasonable cost.

The opportunities to mentor new talent, learn from others, and build coalitions for social change have been the most valuable rewards for Lía Margolis. Her belief in volunteerism has led her to serve on the Boards of Directors of the California Medical Association Foundation (she is the CMAF Program Committee Chair) and of the University of Southern California/Norris Cancer Foundation. Her articles on health access have been widely published in prestigious medical journals, including the American Journal of Public Health, and publications of the Los Angeles County Medical Association (LACMA) and the Joint Commission on Accreditation of Healthcare Organizations (JCAHO). She is the recipient of numerous awards in recognition of her work. In her recent book, *Serving California's Latinos and Other People of Color*, she chronicled the challenges of growing up in poverty and how they influenced her life-long passion for health care advocacy.

Lía Margolis continues to inspire and strengthen efforts to reach her ultimate goal of health care for everyone. In memory of her family and in recognition of the underserved communities of yesterday and today, she continues working to ensure that all families may "have a rightful place and share in the richness of our nation."

El interés de Lía Margolis en el servicio comunitario, y de manera particular servicios de atención para la salud de personas necesitadas, se manifestó desde una edad muy temprana. Nacida y criada en el área de Los Ángeles por padres mexicano-americanos que se sacrificaban para sustentar a su familia, Lía observó directamente las desventajas sociales y de atención para la salud vividas por las familias de bajos ingresos.

> *"Estoy convencida de que mi juventud me preparó para la labor que hoy realizo. Yo poseo una comprensión de las necesidades de las familias trabajadoras y de la frecuencia con que se les niega participar plenamente en la abundancia ofrecida por nuestro gran estado y país. Estoy plenamente consciente, por mi propia experiencia, de que mi cultura latina ha hecho importantes contribuciones a nuestra sociedad, y por lo tanto me siento moralmente obligada a actuar en defensa de lo que es justo".*

Lía ha adquirido una envidiable reputación como experta en el campo de la atención para la salud, con más de veinte años de experiencia en cargos ejecutivos en el Departamento de Salud del Condado de Los Ángeles. En 1998, estableció su propia firma consultora, Lía Margolis & Associates, teniendo prevista una temprana jubilación. Después de su jubilación en 2000, la Junta Directiva de la Latino Coalition for a Healthy California (LCHC) le pidió que asumiera el cargo de Presidenta y Ejecutiva Principal de esa organización, porque la agencia atravesaba tiempos difíciles. Ella tomó una licencia de su empresa privada para servir a dicha agencia como voluntaria por dos años. Comenzó trasladando la sede de la agencia de San Francisco a Sacramento, la capital del estado de California y el centro de políticas estatales, y organizó una campaña para la recaudación de casi $800,000 destinados a la estabilización económica de la organización. Luego orientó sus esfuerzos hacia el establecimiento de la LCHC como organización líder para facilitar el acceso a servicios de salud en California.

El lema de Lía Margolis & Associates es "Planificar para Obtener Resultados", y la firma ha alcanzado una gran reputación por su fidelidad a este lema. Trabajando con el Dr. Juan Villagómez, Lía se convirtió en la consultora primaria del proyecto para unificar a varios grupos de médicos latinos en la organización conocida ahora como la California Latino Medical Association (CALMA). Actualmente, su firma se especializa en apoyar a organizaciones sin fines de lucro que sirven a comunidades pobladas por minorías étnicas, recaudando millones de dólares para sus actividades mediante la preparación de documentos para solicitar subvenciones, la planificación de mercadotecnia y el desarrollo organizativo. La firma ha creado una clientela que incluye agencias para la salud, agencias filantrópicas, entidades del gobierno y agencias de servicio social, así como también sociedades anónimas. Con su equipo de asociados en todos los Estados Unidos, Lía ha establecido una empresa modelo que ofrece servicios especializados de consultoría a precios módicos.

Las oportunidades para servir de mentora a talentos jóvenes, aprender de las experiencias de otros y crear coaliciones para efectuar cambios sociales han constituido el galardón más valioso de la labor de Lía Margolis. Su fe en el valor de contribuir servicios como voluntaria la ha llevado a servir como miembro de las Juntas Directivas de la California Medical Association Foundation (en la cual sirve como Presidenta del Comité de Programas) y de la Norris Cancer Foundation de la University of Southern California. Sus escritos sobre el acceso a servicios para la salud han sido publicados en prestigiosas revistas médicas, entre ellas, la American Journal of Public Health y publicaciones de la Los Angeles County Medical Association (LACMA) y la Joint Commission on Accreditation of Healthcare Organizations (JCAHO). Lía ha sido honrada con numerosos reconocimientos profesionales. En su obra reciente, *Serving California's Latinos and Other People of Color*, Lía reseña los desafíos vividos durante su crianza en la pobreza y la influencia que ejercieron en su apasionamiento por defender el acceso a servicios para la salud.

Lía Margolis continúa inspirando y fortaleciendo esfuerzos por alcanzar su meta primordial de atención de salud para todos. En honor de su familia y en reconocimiento de las comunidades con servicios deficientes del presente y del pasado, ella sigue esforzándose para que todas las familias "ocupen el lugar a que tienen derecho y compartan las riquezas de nuestra nación".

p. 15

Rosamaría Márquez

Events Producer and Gallery Owner/Productora de Eventos y Dueña de Galaría de Arte

Rosamaría Márquez—singer, actress, and producer of television, theater, film, and music—has been an integral part of the arts community in Los Angeles for over twenty-eight years.

Her production activities have included the Annual César Chávez Walk-A-Thon, the Latin Jazz Institute's annual Latin Jazz Festival, and Con Ritmo y Sabor, presenting Legends of Latin Jazz at the Greek Theatre, as well as a benefit concert for the Latino Social Workers Association. All productions include a mentoring element, Latinas in the Arts (LITA).

Before joining the Los Angeles Opera staff, Rosamaría was Project Producer for the Latino Theater Initiative at the Mark Taper Forum of Los Angeles, a four-year audience development program funded by the Lila Wallace Reader's Foundation where she produced award-winning productions on Latino themes. Other theater credits include numerous productions with Carmen Zapata of the Bilingual Foundation for the Arts, with the late C. Bernard Jackson of the Inner City Cultural Center, and with José Luis Valenzuela of the Latino Theater Lab. Rosamaría's television and film productions established her reputation as a professional concerned with Latino issues.

Community involvement has always been an important aspect of Rosamaria's life. Born and raised in the *barrios* (Latino neighborhoods) of Ontario, California, she participated as a young woman in Latino voter awareness and registration drives. During the 1970's, with Francisca Flores and *Compañeras* at the Chicana Service Action Center in East Los Angeles, she produced theater segments on historical Latinas for Hispanas Organized for Political Equality (HOPE). She remembers with great pride her early years of involvement with the UFW and the César E. Chávez Foundation, where she found the inspiration to use her creative skills for others. To this end, she and her husband opened the Rock Rose Cafe in Los Angeles. The Rock Rose supports and promotes Rosamaría's ventures and productions and those of the artistic community at large. The Rock Rose Bookstore features ethnic subjects and authors. Concurrently, Rosa serves on the Boards of Directors of the Latin Jazz Institute, the Inner City Cultural Center, and the Latino Scholastic Achievement Corporation. She is a recipient of the Ray of Hope Award from HOPE, and appears in the Sycamore High School publication titled *Latinas in Los Angeles: Making a Difference.*

Rosamaría Márquez combines her appreciation for the arts with her knowledge of societal issues. Her bicultural vision, generated years ago, continues to provide the platform for her life's work.

Rosamaría Márquez —cantante, actriz, productora de programas de televisión, obras de teatro, películas y eventos musicales— ha sido parte integral de la comunidad artística de Los Ángeles por más de veintiocho años.

Sus actividades como productora han incluido el evento anual del César Chávez Walk-A-Thon, el Festival Anual del Jazz Latino patrocinado por el Latin Jazz Institute y Con Ritmo y Sabor, con la participación de personajes legendarios del jazz latino en el Greek Theatre. También ha organizado conciertos de beneficencia para la Latino Social Workers Association. Todas sus producciones incluyen un elemento mentor: Latinas in the Arts (LITA).

Antes de ingresar al personal de la ópera de Los Ángeles, Rosamaría ocupó el cargo de Productora de Proyectos para la Latino Theater Initiative en el Mark Taper Forum de Los Ángeles, un programa de desarrollo de auditorios financiado por la Lila Wallace Reader's Foundation. Allí, organizó producciones premiadas sobre temas latinos. Entre sus otros créditos teatrales se incluyen numerosas producciones con Carmen Zapata de la Bilingual Foundation for the Arts, con C. Bernard Jackson del Inner City Cultural Center, y con José

Luis Valenzuela del Latino Theater Lab. Con sus programas de televisión y producciones cinematográficas, Rosamaría estableció su reputación como profesional interesada en la problemática latina.

Su participación en la comunidad ha sido siempre un aspecto importante en la vida de Rosamaría. Nacida y criada en los barrios de Ontario, California, ella participó durante su juventud en las campañas para instruir e inscribir a los votantes latinos. Durante la década de 1970, junto con Francisca Flores y *Compañeras* en el Chicana Service Action Center del Este de Los Ángeles, produjo segmentos sobre mujeres latinas de importancia histórica para el grupo Hispanas Organized for Political Equality (HOPE). Ella recuerda con gran orgullo los primeros años de su participación en el movimiento campesino y en la Fundación César E. Chávez, donde encontró inspiración para poner sus destrezas creativas al servicio de otros. Con este propósito, ella y su esposo abrieron el Rock Rose Cafe en Los Ángeles. Este Café apoya y fomenta los proyectos y producciones de Rosamaría y de otros miembros de la comunidad artística. La librería Rock Rose Bookstore da prominencia a temas y autores étnicos. Al mismo tiempo, Rosamaría presta servicios como miembro de las Juntas Directivas del Latin Jazz Institute, del Inner City Cultural Center y de la Latino Scholastic Achievement Corporation. La organización HOPE la distinguió con su *Ray of Hope Award,* y ella figura en *Latinas in Los Angeles: Making a Difference*, una publicación de Sycamore High School en Sycamore, Illinois.

Rosamaría Márquez combina su apreciación de las artes con sus conocimientos de la problemática social. Su visión bicultural, generada años atrás, continúa brindándole la plataforma desde la cual se proyecta la labor de su vida.

p. 14

María del Pilar Marrero

Journalist/Periodista

María del Pilar Marrero is a political writer and columnist for the largest Spanish-language newspaper in the United States, *La Opinión,* headquartered in Los Angeles. In her weekly column, "Actualidad Política," she provides analysis and commentary on political issues affecting the Latino community.

Pilar was born and raised in Caracas, Venezuela. In 1986, she received her degree in Communications from Andrés Bello Catholic University in Caracas. After completing her university studies, she immigrated to the United States, and shortly after her arrival began her career as a journalist with *La Opinión*. She gives credit to the United States for deepening her appreciation of her Latino culture and giving her the opportunity to learn about immigration issues.

> *"My senses were absorbing so much and my social conscience was expanding as never before. Though I came to the United States with a degree and was employed almost immediately, I was able to learn of the experiences of an immigrant and began to understand more fully the experience of my parents, who left Spain to escape the dictatorship of Franco. I came to understand more clearly the experience of other immigrants who are also escaping. Through this understanding, my responsibility as a journalist was established."*

Pilar's work as a journalist has earned her several awards. Her series titled "The State of the Press during the War in El Salvador" earned for her the Prize for Outstanding Reporting on Latin America from the National Association of Hispanic Publications. The Inter-American Press Association honored her with two awards, one for her reports on the new United States immigration laws and their impact on Latin American communities in the country, and the other for her coverage of the impact of the Latino vote during the last presidential election. Pilar expressed the importance for her, and especially for Spanish-language media, of working on behalf of the Latino community. She considers information to be a tool for individual and societal growth. Latino journalists, she says, need to establish a Latino base in order to allow a collective response to reports on issues affecting Latinos.

María del Pilar Marrero has been a journalist in the United States for over 16 years. As part of her reporting, she has been involved with weekly news commentaries on several radio and television programs in both Spanish and English. Often, she is a panelist on "Contrapunto," a weekly news show co-produced by *La Opinión* and a TV station in Los Angeles. Currently, as a political writer and columnist, she brings to her work her Latino background, American life experience, world view, and analytical skills; and she keeps a constant vigil over societal forces and developments.

María del Pilar Marrero es una escritora política y columnista de *La Opinión*, el periódico en español de mayor circulación en los Estados Unidos, con sede en Los Ángeles. En su columna semanal, "Actualidad Política", ella ofrece comentarios y análisis sobre temas políticos que afectan a la comunidad latina.

Pilar nació y se crió en Caracas, Venezuela. En 1986, se graduó de la Universidad Católica Andrés Bello de Caracas con especialización en Comunicaciones. Completados sus estudios universitarios, inmigró a los Estados Unidos y, poco después de su llegada, inició su carrera como periodista de *La Opinión*. Ella reconoce que fue en los Estados Unidos que profundizó el aprecio de su cultura latina y agradece a este país también la oportunidad de conocer los problemas de la inmigración.

> *"Mis sentidos absorbían tanto y mi conciencia social se expandía como nunca antes en mi vida. Aunque llegué a los Estados Unidos con un título universitario y conseguí empleo de inmediato, pude conocer las experiencias de una inmigrante y comprender más a fondo la experiencia de mis padres, quienes salieron de España para escaparse de la dictadura de Franco. Llegué a comprender con mayor claridad las experiencias de otros inmigrantes que también se escapan. Con esta comprensión, mi responsabilidad como periodista quedó establecida".*

Su labor periodística le ha conquistado varios premios. Una serie de reportajes sobre el estado de la prensa durante la guerra en El Salvador le ganó el codiciado premio de Excelencia en Reportajes de la Asociación Nacional de Publicaciones Hispanas. La Sociedad Interamericana de Prensa la honró también con dos premios, uno por sus reportajes sobre las nuevas leyes de inmigración en los Estados Unidos y su impacto sobre las comunidades latinas en ese país, y el otro por sus artículos sobre el impacto del voto latino durante las últimas elecciones presidenciales. Pilar expresa la importancia para ella, y en particular para los medios de comunicación en español, de trabajar en favor de la comunidad latina. Ella considera que la información es un instrumento para el crecimiento individual y social. En su opinión, los periodistas latinos necesitan establecer una base para permitir una respuesta colectiva ante los reportajes sobre problemas que afectan a los latinos.

María del Pilar Marrero ha ejercido la profesión de periodista en los Estados Unidos durante más de 16 años. Como parte de sus actividades como reportera, ha participado como comentarista en diversos programas semanales de radio y televisión, tanto en inglés como en español. Con frecuencia, participa como panelista en "Contrapunto," un noticiero semanal producido por *La Opinión* en colaboración con una estación de televisión en Los Ángeles. Actualmente, como periodista y columnista política, enriquece su labor con su formación en la cultura latina, las experiencias que ha vivido en los Estados Unidos, su perspectiva global y sus destrezas analíticas; y mantiene una vigilia constante sobre las fuerzas y los acontecimientos sociales.

p. 36

Arabella Martínez

Community Developer/Planificadora Urbana

Arabella Martínez has devoted her life to serving the needs of low-income minorities and women. Her early activism convinced her that economic development, planned and directed by community-based institutions, was the most effective means by which disenfranchised neighborhoods can become self-sufficient.

In 1986, President Carter appointed Arabella Martínez Assistant Secretary for Human Development Services in the U.S. Department of Health, Education, and Welfare. For the next three years, she managed programs for youth, families, seniors, Native Americans, and the disabled. She worked closely with the Congress, with state and local governments, and with private and non-profit groups to assure effective policy formulation and program delivery in improving inner-city neighborhoods.

On the completion of her service in the federal government, in 1989, Arabella returned to the Spanish Speaking Unity Council in Oakland, California. As its Director, she worked with other Latino leaders on a comprehensive program to revitalize the predominantly Latino Fruitvale area in Oakland. This was the beginning of the Transit Village Project, consisting of housing, commercial space, community and social services, and a new connection to mass transit facilities. It included construction of a day care center with a capacity to serve more than 445 low-income children, programs for seniors, and construction of 68 housing units. Arabella's comprehensive approach included the enhancement of parks and open spaces, environmental cleanup (providing employment for young people in the neighborhood), a strengthening of the relations between police and neighborhood, literacy training for families, and job training and placement. Pride has been generated in the community through a special community event which has become annual: The Dia de los Muertos (Day of the Dead) is celebrated in the heart of the Fruitvale district as a special City of Oakland event. The Transit Village Project has become a national model.

Martínez's efforts in support of community economic development have earned many awards. Recent awards include the President's Award from the National Council of La Raza, the David C. Lizárraga Award for Community Development from the National Association for Latino Community Asset Builders, the Lifetime Achievement Award from the Greenlining Institute, the Lifetime Achievement Award from the National Neighborhood Housing Association, and A Woman Who Could be President from the San Francisco League of Women Voters. Since her retirement from the Unity Council in 2005, Arabella Martínez has volunteered her services to organizations such as the National Council of La Raza, the Raza Development Fund, the Latino Community Foundation, the Citibank West California/Nevada Community Advisory Committee, and the State Farm Bank National Community Advisory Council. Throughout her career, she has put communities first, recognizing that their support and participation complement her efforts as director of all her projects. Her guiding principle is to acknowledge the voices of community residents, and to incorporate their visions in each urban development project.

Arabella Martínez ha dedicado su vida a responder a las necesidades de mujeres y minorías de bajos ingresos. En las etapas iniciales de su activismo, se convenció de que el desarrollo económico, planeado y dirigido por instituciones basadas en la comunidad, era la manera más efectiva de crear auto-suficiencia en los barrios carentes de representación.

En 1986, el Presidente Carter nombró a Arabella Martínez como Secretaria Asistente para Servicios de Desarrollo Humano del Departamento de Salud, Educación y Bienestar Social de los Estados Unidos. Durante los siguientes tres años, ella tuvo a su cargo programas para jóvenes, familias, ciudadanos de la tercera edad, norteamericanos nativos y personas discapacitadas. Trabajó en estrecha colaboración con el Congreso, con gobiernos estatales y locales, y con grupos privados y sin fines de lucro, para asegurar eficacia en la formulación de políticas y en la ejecución de programas para el mejoramiento de barrios en los centros urbanos.

Al completar sus servicios con el gobierno federal en 1989, Arabella se reincorporó al Spanish Speaking Unity Council en Oakland, California. Como Directora de esta organización, Arabella trabajó con otros líderes latinos en un programa comprensivo de revitalización del área predominantemente latina de Fruitvale en Oakland. Esto dio origen al proyecto de desarrollo urbano Transit Village, el cual consistió en crear viviendas, espacios comerciales, servicios comunitarios y sociales, y una conexión nueva con los servicios urbanos de transporte público. El proyecto incluyó la construcción de una guardería infantil con capacidad para atender a más de 445 niños procedentes de familias con bajos ingresos, programas para personas de la tercera edad y la construcción de 68 unidades residenciales. El enfoque comprensivo de Arabella contempló mejoras a los parques y espacios abiertos, saneamiento ambiental (con el fin de crear empleos para los jóvenes del barrio), y el fortalecimiento de las relaciones entre los residentes y las agencias del orden público, campañas de alfabetismo para las familias, y servicios de capacitación y colocación en empleos. Motivo de orgullo para la comunidad hispana fue la organización de la celebración especial del Día de los Muertos en el corazón del distrito de Fruitvale, el cual se ha convertido en un evento anual de la ciudad de Oakland. El éxito del proyecto Transit Village lo ha convertido en un modelo a nivel nacional.

La labor de Arabella en apoyo del desarrollo cultural y económico le ha ganado importantes reconocimientos. Entre sus premios recientes están el *President's Award* del Consejo Nacional de La Raza, el premio *David C. Lizárraga Award for Community Development* de la National Association for Latino Community Asset Builders, y dos *Lifetime Achievement Awards*: uno del Greenlining Institute y el otro de la National Neighborhood Housing Association. Fue seleccionada como *A Woman Who Could be President* por la Liga de Mujeres Votantes de San Francisco. Después de su jubilación del Spanish Speaking Unity Council en 2005, Arabella ha continuado prestando servicios como voluntaria en el National Council of La Raza, el Raza Development Fund, la Latino Community Foundation, el Citibank West California/Nevada Community Advisory Committee y el State Farm Bank National Community Advisory Council. Durante toda su carrera, Arabella Martínez ha puesto a las comunidades en primer lugar, reconociendo que la participación y el apoyo de las comunidades han complementado la dirección de todos sus proyectos. El principio que ha guiado su labor es el de reconocer las voces de la comunidad e incorporar su visión en cada proyecto de desarrollo urbano.

p. 3

Elizabeth (Betita) Martínez

Author and Educator/Autora y Educadora

Elizabeth Martínez is a Chicana activist, author, and educator. Her endeavors focus on the needs of people who suffer from discrimination and injustice to unite and work collectively for social transformation. She has published several books and many articles on social movements in the Americas, among them *500 Years of Chicano History/500 años de la historia chicana,* a bilingual book which became the basis for *Viva la Causa,* a video she co-directed. In 1998, she published a collection of her essays, *De Colores Means All of Us: Latina Views for a Multi-Colored Century.* She recently published a book entitled *500 Years of Chicana Women's History.*

Before moving to San Francisco in 1976, Betita worked in New York, first for the United Nations, and then as an editor with Simon & Schuster, and as Books and Arts Editor of *The Nation.* During the 1960's, she served full-time in the Black Civil Rights Movement as one of two Chicana staff members. Later, she joined the Chicano Movement in Albuquerque, New Mexico, where she edited a bilingual Movement newspaper, *El Grito del Norte,* from 1968 to 1973, and co-founded the Chicano Communications Center.

Betita lives in San Francisco, as does her daughter, Tessa, an actress with the Latina Theatre Lab. Betita teaches Women's Studies part-time in the California State University system. She also heads anti-racist workshops and works on projects with Latino youth groups. She ran for Governor of California on the Peace and Freedom Party ticket, and has received many awards for service to the community. She is a firm believer in the power of people to create their own destinies, and holds that one of the principal ways to do this is by forming alliances. This concept, which is central to her philosophy, led her to be the co-founder of the Institute for MultiRacial Justice in San Francisco, a resource center for building alliances among peoples of color. Her commonsense approach includes "learning about each other's histories," working together, getting rid of racist hate crimes, defending civil rights and affirmative action, demanding decent wages, affordable housing and high-quality education, and breaking down the walls of mutual prejudice. She places great hope in today's youth, who seem to be less "poisoned" by "hating the other guy who doesn't look like me, doesn't speak like me." Today, there are many successful cooperative organizations led by young people.

In *De Colores Means All of Us: Latina Views for a Multi-colored Century,* Betita persuasively presents the argument for coalition building among all people in the United States and throughout the world to work for well-being. Conversely, she points out the effects of disharmony. She will tell you the road is not easy, but it can be traveled.

> *"Run toward the light and don't stumble backwards. Latinos and others in all corners of the land are not giving up hope. They continue to work because they need to, because they must. For one other reason, whether they articulate it or not: because no other effort is more worthwhile. What else makes us more human, in the finest sense? What else gives us the right to this beautiful planet except the possibility of being beautiful within and among ourselves?"*

Elizabeth Martínez has been recognized for her advocacy of deeper understanding among all peoples and a world that embraces peace and harmony as its mantra. In 2005, she was nominated for the Nobel Peace Prize.

Elizabeth Martínez es una autora, educadora y activista chicana. Su labor hace resaltar la necesidad de quienes sufren por la discriminación y la injusticia, de unirse para trabajar en forma colectiva por la transformación social. Ha publicado varios libros y numerosos artículos sobre el movimiento social en las Américas, entre ellos, 500 Years of Chicano History/*500 años de la historia chicana,* un libro bilingüe que se convirtió en la base de *Viva la Causa,* un video del cual fue co-directora. En 1998, Betita publicó una colección de ensayos titulada *De Colores Means All of Us: Latina Views for a Multi-Colored Century.* Recientemente, publicó un libro titulado *500 Years of Chicana Women's History.*

Antes de mudarse a San Francisco en 1976, Betita trabajó en Nueva York, primero, para las Naciones Unidas, y luego como redactora de la casa editorial Simon & Schuster, y como Editora de Libros y Artes de la revista *The Nation.* Durante la década de 1960, trabajó como dos de las chicanas nombradas de tiempo completo al personal del Movimiento por los Derechos Civiles de la Población Negra. Luego, se unió al Movimiento Chicano en Albuquerque, Nuevo México, donde trabajó de 1968 a 1973 como editora del periódico *El Grito del Norte,* un periódico bilingüe del Movimiento, y co-fundó el Chicano Communications Center.

Betita vive en San Francisco, al igual que su hija Tessa, una actriz del Latina Theatre Lab. Betita es profesora de tiempo parcial en el sistema de Universidades Estatales de California, donde dicta clases en Estudios sobre la Mujer. Además, dirige talleres anti-racistas y trabaja con grupos de jóvenes latinos en varios proyectos. Lanzó su candidatura para el cargo de Gobernadora de California postulada por el Peace and Freedom Party, y ha recibido numerosas distinciones por su servicios a la comunidad. Betita cree con firmeza en el poder de las personas para crear sus propios destinos, y considera que una de las mejores maneras de lograrlo es mediante la formación de alianzas. Este principio central de su filosofía personal la llevó a ser co-fundadora del Institute for MultiRacial Justice en San Francisco, un centro de recursos para desarrollar alianzas entre las minorías étnicas. Su enfoque en lo práctico incluye "aprender, cada uno, las historias de los otros", trabajar en colaboración, eliminar crímenes racistas, defender los derechos civiles y la acción afirmativa, exigir salarios decentes, viviendas asequibles, y educación de alta calidad, y derrumbar las barreras creadas por prejuicios mutuos. Betita tiene grandes esperanzas en la juventud de nuestros días, menos "envenenada" por el "odio hacia quien no se parece a mí ni habla como yo". Existen hoy día muchas cooperativas exitosas encabezadas por gente joven.

En su obra *De Colores Means All of Us: Latina Views for a Multi-colored Century,* Betita presenta en forma convincente el argumento en favor de la creación de coaliciones entre todos en los Estados Unidos y alrededor del mundo para fomentar el bienestar social. Por otra parte, ella señala los efectos de la falta de armonía. Ella sostiene que aunque el camino no es fácil, se puede transitar.

> *"Corre hacia la luz y no te eches para atrás. Los latinos y otros alrededor del mundo no han abandonado la esperanza. Continúan trabajando porque necesitan hacerlo. Y por otra razón, ya sea que la puedan articular o no: porque no hay otro esfuerzo que mejor valga la pena. ¿Qué otra cosa nos puede hacer más humanos, en el mejor de los sentidos? ¿Qué es lo que nos da derecho a este hermoso planeta, si no es la posibilidad de encontrar belleza en nosotros mismos y entre los que nos rodean?"*

Elizabeth Martínez ha sido honrada por recalcar la necesidad de una comprensión más profunda entre todos los pueblos del mundo, y de un mundo que adopte como mantra la paz y la armonía. En 2005, ella fue nominada para recibir el Premio Nobel de la Paz.

p. 21

Diane G. Medina

Specialist in Human Resources and Community Relations/
Especialista en Recursos Humanos y Relaciones Comunitarias

As Vice President, Diversity and Community Relations, of ABC 7 Television in Los Angeles (KABC-TV), Diane G. Medina oversees the programming and outreach that focus on diversity. The station's involvement with job fairs and conventions publicizes career opportunities for many ethnic populations. Implementing these endeavors for the television station allows Diane to act in accordance with her personal belief concerning the importance of corporate support to promote ethnic advancement. In her former position as Director of the Diversity Program for the Walt Disney Company, she was responsible for publicizing the company's overall commitment to the promotion of ethnic communities. She will tell you that she feels very fortunate to be able to implement, in a professional setting, what is personally close to her heart.

Diane has over 30 years' experience in the entertainment industry as a human resource professional. Since the late 1990's, she has worked to assist corporations in the development and implementation of their ethnic recruitment strategies. This includes developing and nurturing positive relationships between the corporation, key community leaders, and various organizations. She serves on numerous boards and advisory committees, including those for the IMAGEN Foundation, the March of Dimes, and the Smithsonian Center for Latino Initiatives.

Having grown up in the San Fernando Valley in Southern California during the 1960's, Diane recalls that Latino students were not encouraged to go to college. She credits her success in part to having had several female mentors who motivated and encouraged her to pursue higher education. Today, when Diane advises young students, opening doors and creating opportunities for them to obtain a college education, she is responding to a sense that she must give back the support she received. She knows first-hand the importance of giving students opportunities for development. She supports Affirmative Action programs, one of which gave her the opportunity to "get her foot in the door" of the entertainment industry. With her education, she was able to demonstrate her intelligence and abilities as she moved up the corporate ladder.

Diane has received many honors for her efforts, including the Community Excellence Award from the Latino Entertainment Media Institute, the Adelante Mujer Latina Leadership Award from Women At Work, and Woman of the Year honors from the Mexican American Opportunity Foundation. She was named One of the 100 Most Influential Hispanics in the Nation by the *Hispanic Business* magazine, and is a recipient of the March of Dimes Viva los Niños Business Award.

Diane G. Medina remains confident in her belief that all of humanity prospers when individual rights and abilities are encouraged, contributing to the well-being of all.

En su cargo como Vicepresidenta de Diversidad y Relaciones Comunitarias de la estación de televisión ABC7 en Los Ángeles (KABC-TV), Diane G. Medina supervisa la programación y las actividades de enlace comunitario que enfocan la diversidad. La participación de la estación en convenciones y ferias para empleos da publicidad a oportunidades de colocación para numerosas poblaciones étnicas. La ejecución de estas actividades para la estación permite que Diane actúe conforme a sus convicciones personales relacionadas con la responsabilidad corporativa de apoyar el progreso de los sectores étnicos de la población. En su empleo previo como Directora de Programas de Diversidad para Walt Disney Company, ella fue responsable de divulgar información sobre el compromiso de la compañía al progreso de las minorías étnicas. Diane se siente afortunada al poder poner en práctica, en un ambiente profesional, su ética personal.

Diane cuenta con más de 30 años de experiencia en la industria del espectáculo como profesional especializada en recursos humanos. Desde los años finales de la década de 1990, ella ha laborado para ayudar a grandes compañías a desarrollar y poner en práctica sus estrategias para reclutar minorías étnicas. Esto ha incluido el desarrollo y fomento de relaciones positivas entre la compañía, líderes comunitarios clave y diversas organizaciones. Diane ha prestado servicios en numerosas juntas directivas y comités asesores, inclusive en organizaciones como la IMAGEN Foundation, la March of Dimes, y el Smithsonian Center for Latino Initiatives.

Habiendo crecido en el Valle de San Fernando, en el Sur de California, durante los años 60, Diane recuerda que a los latinos no se les animaba a adquirir una educación universitaria. Ella atribuye su éxito profesional al apoyo que recibió de varias mentoras que estimularon su deseo de proseguir sus estudios universitarios. Hoy día, cuando Diane aconseja a estudiantes jóvenes, abriéndoles posibilidades y creando oportunidades para que obtengan una educación superior, lo hace motivada por un sentido de obligación de darles el mismo apoyo que ella recibió durante los años de su formación. Ella conoció directamente la importancia de ofrecer a los estudiantes oportunidades para su desarrollo. Apoya los programas de la Acción Afirmativa, uno de los cuales le abrió la puerta para ingresar a la industria del espectáculo. Su preparación académica le permitió demostrar su inteligencia y sus capacidades a medida que ascendía los peldaños del mundo corporativo.

Diane ha recibido muchos honores por sus esfuerzos profesionales, entre ellos: The Community Excellence Award del Latino Entertainment Media Institute, el Adelante Mujer Latina Leadership Award otorgado por Women At Work, y la designación de la Mujer del Año de la Mexican American Opportunity Foundation. La revista *Hispanic Business* la nombró *One of the 100 Most Influential Hispanics in the Nation* y la March of Dimes la distinguió con su *Viva los Niños Business Award.*

Diane G. Medina permanece fiel a su convicción de que la humanidad entera prospera cuando los derechos y las capacidades individuales se fomentan, contribuyendo así al bienestar de todos.

p. 23

Josie Mena

Community Mobilizer/Movilizadora Comunitaria

Josie Mena was born in Ventura County, California, to second-generation American parents of Mexican descent. She learned at an early age to emulate the efforts of her parents to provide support for the many families of Mexican farm workers who resided in the same county. By the time she entered college, Josie's inclination toward social welfare was well-defined. Accordingly, she holds a Bachelor of Science degree in Social Welfare and a Master's degree in Social Work.

It was during the 1970's, during the United States government's "War on Poverty," that Josie became politically active. This opportunity to work on behalf of her Latino community came about through the Mexican American Political Association (MAPA). For her, as for many, MAPA served as a training ground for leadership, and for the application of these newly-gained skills in community action, harnessing the strength inherent in community life to promote well being, self help, and empowerment. Locally, women began to demand equal representation in the various key roles within their organizations. No longer were they content to make the coffee, take the meeting minutes, and run the errands. Latinas knew that they had specific women's issues to put forth for examination, reflection, and improvement within their own communities as well as society at large. From the membership of MAPA, a women's caucus was organized to address women's issues at the state and national levels. It was later formally organized at the state level as the Comisión Femenil (Feminine Commission), and several chapters were formed throughout California. When the League of Mexican American Women was organized during this same period, in Fresno, California, Josie was one of the founding members and served as its first President. The first Latina Women's Conference in the Fresno area, which Josie Mena helped organize, gave birth to the Adelante Mujer Conference, which has become an annual event sponsored by the League of Mexican American Women. The conference offers younger generations of Latinas the opportunity to take part in educational and career workshops featuring Latina leaders as speakers and presenters.

In 1979, Josie Mena was one of two California women named by Governor Jerry Brown to serve a four-year term on the California Commission on the Status of Women. She has also served as District Field Representative for Congressman Tony Coelho, and as the State Secretary of MAPA. She is on the planning committee for the International Women's Year State Conference, and is a consultant for the Women's Bureau of the U.S. Department of Labor, the Low-Income Women's Project, and the California Commission on the Status of Women. She is a member of the Comisión Femenil, the Mexican-American Women for Political Education, and the League of Mexican-American Women. Since 2000, she has been a board member of Pathways to Work and of the Arte de México Museum in Fresno, California. She was voted Woman of the Year by MAPA.

Adhering to the early guidance of her parents and acting on behalf of others with a strong sense of responsibility, Josie Mena is at one with her life's work.

Josie Mena nació en el Condado de Ventura, California, hija de una segunda generación de padres estadounidenses de ascendencia mexicana. Desde temprana edad, ella aprendió a emular los esfuerzos de sus padres por ofrecer apoyo al gran número de familias de campesinos mexicanos residentes en el mismo condado. Cuando Josie entró a la universidad, su inclinación hacia el campo del bienestar social ya se había definido. Por consiguiente, ella posee una Licenciatura en Ciencias con especialización en Bienestar Social y una Maestría en Trabajo Social.

El activismo político de Josie se inició en los años de 1970, durante la campaña de la "Guerra contra la Pobreza" lanzada por el gobierno federal. La oportunidad de trabajar en beneficio de la comunidad latina se le presentó a través de la Asociación Política Mexicana-Americana (MAPA). MAPA le sirvió, al igual que a muchos otros, como campo de capacitación para el liderazgo y para la aplicación práctica de sus destrezas recién adquiridas en la acción social, canalizando la fuerza inherente a la vida comunitaria para fomentar el bienestar, la auto-ayuda y el reconocimiento del poder propio. A nivel local, las mujeres comenzaban a exigir una representación equitativa en los roles clave de sus organizaciones. Ya no se contentaban preparando café, redactando actas y haciendo diligencias. Las latinas sabían que debían señalar asuntos específicos de importancia para las mujeres para el examen, la reflexión y el mejoramiento dentro de su propio ambiente social y de la sociedad en general. Un grupo de mujeres miembros de MAPA se organizó en comité para lidiar con la problemática de la mujer a nivel estatal y federal. Posteriormente, este comité fue formalmente organizado en el estado como la Comisión Femenil y se crearon capítulos en toda California. Cuando, durante este mismo período, se organizó la League of Mexican-American Women, en Fresno, California, Josie fue una de sus fundadoras y fue electa como su primera Presidenta. La primera Latina Woman's Conference, que Josie ayudó a organizar en Fresno, dio como resultado el establecimiento de la Adelante Mujer Conference, un evento anual patrocinado por la League of Mexican-American Women. Esta conferencia ofrece a las generaciones más jóvenes de mujeres latinas la oportunidad de participar en talleres de trabajo educativos y profesionales en los que participan prominentes latinas como conferenciantes y moderadoras.

En 1979, Josie fue una de las dos mujeres californianas nombradas por el Gobernador Jerry Brown para servir un término de cuatro años en la California Commission on the Status of Women. Ella ha prestado servicios también como Representante de Campo del Distrito para Tony Coelho, miembro del Congreso, y como Secretaria Estatal de MAPA. Josie es miembro del comité planificador de la International Women's Year State Conference, y presta servicios de asesoría para el Women's Bureau del Departamento del Trabajo de los Estados Unidos, para el Low-Income Women's Project y para la California Commission on the Status of Women. Ella es miembro de la Comisión Femenil, de la organización Mexican American Women for Political Education y de la League of Mexican American Women. Desde el año 2000, ha sido miembro de las juntas directivas de Pathways to Work y del Museo Arte de México, en Fresno. MAPA la ha nombrado *Woman of the Year*

Manteniéndose fiel a la orientación social que recibió de sus padres y actuando en representación de otros con un fuerte sentido de responsabilidad social, Josie Mena vive en paz consigo misma y con la labor a la que dedica su vida.

p. 43

Maritza Mendizábal

Community Activist/Activista Comunitaria

It is very early in the day when Maritza Mendizábal starts her busy schedule. A highly energetic woman and a believer in her own power and expertise to bring about change, she is involved with numerous community organizations, where she is well-known for beginning, supporting, and improving progressive movements. Maritza is motivated by the pride instilled in her during her early upbringing in Mexico and by a sense that she can make a difference.

Maritza's community involvements include serving as Vice President of Community and Volunteer Relations for the American Lung Association of Los Angeles County; Vice President of the Board of Directors of the Hispanic Business Network; member of the board of Hispanas Organized for Political Equality (HOPE); the Hispanic/Jewish Task Force; and the Mexican American Legal Defense and Educational Fund (MALDEF). Maritza chaired the Board of Directors of the Mexican American Opportunity Foundation, the largest Hispanic community-based organization in the United States. It provides many valuable services, such as a comprehensive employment opportunity program, handy worker programs, a child care and development program, a child nutrition program, and GAIN, an enhanced child care referral service. Maritza's vision was to provide services that would support development of the human spirit and capabilities. She was able to formulate strategies to reach her goals and had a special talent for implementing plans that increased the number of successful outcomes.

Maritza Mendizábal's achievements took her to the White House to meet and confer with presidents. The many awards and recognitions bestowed on her reflect her long history of community advocacy on behalf of Latinos and other vulnerable groups, combating issues involving children, women, and the elderly. Included among them are the YWCA Community Leadership Award, the Spirit of HOPE for Lifetime Achievement Award, and the Silver Anvil Award from the Public Relations Society of America (PRSA). She was named Woman of the Year during a National Hispanic Women's Conference sponsored by the Mexican American Opportunity Foundation. The Los Angeles County Human Relations Commission presented her with the Pioneer Woman Award, and she received the Advocate of the Year Award from the Latino Business Association. From Los Pobladores of Los Angeles she received the Heritage Award. She was also the recipient of the Distinguished Service Award from the March of Dimes, the Distinguished Member Award from the California Hispanic American Medical Association, the Human Relations Award from the San Fernando Valley Interfaith Council, and the Outstanding Achievement Award from the Los Angeles County Commission for Women. Among the most recent awards bestowed on Maritza Mendizábal was the distinguished Humanitarian Award from Chicanos for Creative Medicine.

It is the word "humanitarian" that best describes Maritza Mendizábal. She envisions the wholeness of individuals emerging when obstacles are removed, and she continues to plant seeds of opportunity to bring forth human potential.

Maritza Mendizábal da inicio a su intenso horario de trabajo muy temprano cada día. Mujer de gran dinamismo convencida de sus conocimientos y de su capacidad para efectuar cambios, Maritza participa en numerosas organizaciones comunitarias, en las cuales se ha forjado una reputación por comenzar, apoyar y mejorar movimientos progresistas. Su motivación tiene sus raíces en el orgullo inculcado en ella durante sus primeros años formativos en México y en la confianza que siente en su capacidad para crear mejoras.

Sus actividades comunitarias incluyen sus servicios como Vicepresidenta de Relaciones con la Comunidad y Voluntarios de la American Lung Association en el Condado de Los Ángeles; Vicepresidenta de la Junta Directiva de la Hispanic Business Network y de Hispanas Organized for Political Equality (HOPE); la Hispanic/Jewish Task Force; y del Fondo Mexicano-Americano para la Defensa Legal y la Educación (MALDEF). Maritza presidió la Junta Directiva de la Mexican American Opportunity Foundation, la organización comunitaria hispana más grande de los Estados Unidos. Esta organización ofrece muchos servicios valiosos, como, por ejemplo, un programa comprensivo de oportunidades de empleo, programas para trabajadores manuales, un programa para el cuidado y desarrollo de niños, un programa de nutrición para niños, y GAIN, un servicio especial de recomendaciones para el cuidado de niños. Su visión consistió en ofrecer servicios que apoyaran el desarrollo del espíritu y de las capacidades de los seres humanos. Ella pudo formular estrategias para alcanzar sus metas y para poner en práctica planes que lograran el mayor número de resultados positivos.

El éxito de las iniciativas de Maritza Mendizábal la llevaron a la Casa Blanca para reunirse con presidentes y compartir sus ideas con ellos. Los reconocimientos profesionales que ha recibido reflejan su larga trayectoria como defensora de las comunidades latinas y otros grupos vulnerables, encarando asuntos relacionados con niños, mujeres y personas de la tercera edad. Entre estos reconocimientos se cuentan los siguientes: El *Community Leadership Award* de la YWCA, el *Spirit of HOPE for Lifetime Achievement Award*, y el *Silver Anvil Award* conferido por la Public Relations Society of America (PRSA). Fue nombrada *Woman of the Year* durante una reunión de la National Hispanic Women's Conference realizada bajo el patrocinio de la Mexican American Opportunity Foundation. La Los Angeles County Human Relations Commission le adjudicó el *Pioneer Woman Award,* y la Latino Business Association la declaró *Advocate of the Year.* Los Pobladores de Los Ángeles le confirió *el Heritage Award.* Otras distinciones recibidas incluyen el *Distinguished Service Award* de la March of Dimes, el *Distinguished Member Award* de la Asociación Médica Hispano-Americana de California, el *Human Relations Award* del San Fernando Valley Interfaith Council, y el *Outstanding Achievement Award* de la Los Angeles County Commission for Women. Uno de sus reconocimientos más recientes fue el *Distinguished Humanitarian Award* conferido por Chicanos for Creative Medicine.

La palabra "humanitaria" es la que mejor describe a Maritza Mendizábal. Ella visualiza a la persona integral que emerge cuando se eliminan los obstáculos que impiden su desarrollo y continúa sembrando semillas de oportunidades que permitan la realización del potencial humano.

p. 7

Frances Morales

Student Advocate/Defensora de Estudiantes

Frances Morales, PhD, has dedicated her life to the service of others in educational settings ranging from farm labor camps to preschools to universities. She has conducted research on bilingual teaching practices, developed and implemented teacher training programs, taught, and mentored university students. She is currently the Assistant Dean of Students and the full-time Director of El Centro Chicano at Stanford University in Palo Alto, California.

Frances was born in Weslaco, Texas, a small rural town in the Rio Grande Valley. At four years of age, she joined her four older siblings at work, picking cotton, grapes, tomatoes, and other crops during the hot summer months in Texas and California. The children continued to work all through elementary and secondary school to help pay for school clothing and other family necessities. After graduating from high school, Frances attended California State University, Fresno, where she majored in Spanish and received an elementary teaching credential. As an undergraduate, she participated in the California Mini-Corp Program, spending the summer months working with migrant students. This experience was instrumental in shaping her desire to gain a deeper understanding of the factors that can contribute to scholastic achievement for Latino students. This quest for knowledge led her to pursue a Master's degree in Counseling from the University of New Mexico and a doctorate from Stanford University.

Today, Dr. Morales oversees numerous educational, social, and cultural programs and services at El Centro Chicano, established at Stanford University in 1978. Through her leadership, the center provides a home away from home for Stanford's Latino population, consisting of approximately 1,200 undergraduate and graduate Chicano/Latino students. She firmly believes that Latino students profit greatly when they receive both academic support and an affirmation of their culture. El Centro Chicano creates opportunities for the entire campus to share in cross-cultural experiences (for example, the celebration of the Day of the Dead and *Las posadas,* a traditional Christmas event*).* The center also organizes and hosts forums where Stanford faculty members and guest speakers can discuss Latino history and relevant contemporary Latino issues, and offers opportunities for graduate student research.

El Centro Chicano houses over 20 voluntary student organizations, providing practical experience in organizing skills and preparing students for leadership roles in an increasingly global society. It also plays a critical role in building a strong sense of community among students, faculty, and staff. As Director of El Centro Chicano, Frances Morales fulfills her personal mission, developed in the fields where she spent her youth, to help Latino students achieve their maximum potential and succeed in their educational pursuits.

La Dra. Frances Morales ha dedicado su vida al servicio de otros en ambientes educativos que abarcan campos de trabajo agrícola, jardines infantiles y universidades. Ella ha realizado estudios de investigación sobre las prácticas de la enseñanza bilingüe, estructurado y puesto en práctica programas de capacitación para maestros, dictado clases y asesorado a estudiantes universitarios. Actualmente, es Decana Asistente de Estudiantes y Directora de tiempo completo de El Centro Chicano en la Universidad de Stanford, en Palo Alto, California.

Frances nació en Weslaco, Texas, un pueblo rural en el Valle del río Bravo. A la edad de cuatro años, se unió a sus cuatro hermanos mayores en las tareas de cosechar algodón, uvas, tomates y otros cultivos durante los meses calurosos del verano en Texas y en California. Los niños continuaron trabajando durante los años de su educación primaria y secundaria para ayudar a comprar la ropa que llevaban a la escuela y a satisfacer otras necesidades de la familia. Después de graduarse de la escuela secundaria, Frances ingresó a California State University en Fresno, donde cursó estudios de español y recibió su credencial como maestra de escuela primaria. Mientras cursaba estudios universitarios, participaba en el California Mini-Corp Program, trabajando durante el verano con los hijos de trabajadores itinerantes. Esta experiencia despertó su interés en desarrollar una comprensión más profunda de los factores que pueden contribuir al éxito académico de los estudiantes latinos. Su deseo de aprender la motivó a obtener una maestría en orientación psicopedagógica de la Universidad de Nuevo México y un doctorado de Stanford University.

En la actualidad, la Dra. Morales supervisa numerosos programas educativos, sociales y culturales en El Centro Chicano, establecido en Stanford University en 1978. Bajo su dirección, el Centro ofrece un segundo hogar a la población estudiantil latina de Stanford, la cual consiste en cerca de 1,200 estudiantes latinos y chicanos en carreras universitarias de pre- y postgrado. Ella está convencida de que estos estudiantes se benefician en alto grado cuando reciben, junto con el apoyo académico, una afirmación de su propia cultura. El Centro Chicano crea oportunidades para que todo el campus comparta experiencias trans-culturales (por ejemplo, la celebración del Día de los Muertos y Las Posadas, una tradición navideña). El Centro organiza también foros en los cuales miembros del personal docente y conferenciantes invitados pueden dialogar sobre la historia latina, analizar problemas relevantes contemporáneos de los latinos y ofrecer oportunidades de investigación para estudiantes de postgrado.

El Centro Chicano aloja a más de 20 organizaciones estudiantiles de voluntarios, ofreciendo experiencias prácticas en destrezas organizativas y preparando a los estudiantes para sus papeles como líderes en una sociedad cada vez más globalizada. El Centro tiene también un rol de importancia crítica en la creación de un fuerte sentido comunitario entre los estudiantes y el personal docente y administrativo. Como Directora, la Dra. Frances Morales realiza su misión personal, desarrollada en los campos agrícolas donde vivió su juventud, de ayudar a los estudiantes latinos a alcanzar su potencial máximo y lograr el éxito académico.

p. 8

Sylvia Morales

Film Writer, Producer, and Director/Escritora, Productora y Directora de Cine

"When I was a child, I was deeply affected by the images I saw at the movies. I was disturbed by the way women were portrayed in most films—films that were from both the United States and Mexico. Even as a young child, I knew that those images did not match the people I knew. I did not know at that time that my life's work would be to be part of the effort to counter negative stereotyping portrayals. Though there still remains much to do, I'm encouraged."

The direction of Silvia Morales's involvement in film was set at a young age. She has become involved in this art form to present intelligent, honest explorations of women's issues, Latino issues and other societal concerns that are also generally presented untruthfully.

Today, Sylvia Morales, MFA, is an award-winning filmmaker and writer. As an Assistant Professor at the School of Film and Television of Loyola Marymount University, Los Angeles, she imparts to students the importance of presenting and defending truth in their endeavors. While there have been some improvements, distorted images of Latinos are still common in films distributed by major production companies. Sylvia's mission is to combat those images. For over thirty years, she has remained involved in the visual arts because of her love of the media and because the need persists to produce truthful images of minorities and "the people in her life."

Sylvia has been nationally recognized for writing, directing, and producing relevant films, including "Women Working for Solidarity," a documentary featuring creative, intelligent women from diverse cultures, races, and religious backgrounds who join to combat violence in today's society. Her hour-long documentary, "The Struggle in the Fields," was the third episode in "Chicano! The Mexican Civil Rights Movement," an award-winning four-part series aired by the Public Broadcasting Service (PBS). It presented information about poor Mexican farm workers who gathered strength to demand what should have been theirs. Their courage and tenacity speak directly to the viewer. The active participants in this struggle were further empowered when they saw that they were being portrayed in a supportive manner. Many viewers learned for the first time of the farm workers' struggles. Sylvia directed "Resurrection Blvd." and "Women: Stories of Passion," two series which were aired on Showtime. "Esperanza" is an award-winning video about the attempts of two children to find their father after their mother has been picked up by immigration officers in Los Angeles. Over and over again, Sylvia's work reflects her need to tell the truth and show the unseen.

The following are awards bestowed on Sylvia Morales for her endeavors: A Media Arts Fellowship from the Rockefeller Foundation, a fellowship from the National Endowment for the Arts, the Vesta Award, and the Salute to Latinas Award. She was also honored by the Comisión Femenil Mexicana Nacional during the 20th anniversary celebration for Latinas in Film and Television, and she was a participant in the American Film Institute's Directing Workshop for Women.

"Cuando era niña, me sentía profundamente conmovida por las imágenes que veía en las películas. Me sentía perturbada por la manera en que la mayoría de las películas presentaban a las mujeres —en películas tanto de los Estados Unidos como de México. Aun cuando era muy niña, yo sabía que esas imágenes no correspondían a la gente que yo conocía. Yo no sabía entonces que la labor de mi vida consistiría en convertirme en parte del esfuerzo por combatir estas representaciones negativas y estereotipadas. Aunque todavía queda mucho por hacer, me siento alentada".

El rumbo de la participación de Silvia Morales en las películas se definió a una temprana edad. Ella ha elegido este campo artístico para presentar exploraciones inteligentes y honestas de la temática femenina, de los problemas que enfrentan los latinos y de otros aspectos sociales que generalmente se presentan sin contenido de verdad.

Hoy día, Sylvia Morales, MFA, es una guionista y cinematógrafa premiada. Como Profesora Asistente en la Facultad de Cine y Televisión de Loyola Marymount University en Los Ángeles, ella instruye a sus estudiantes en la importancia de presentar y defender la verdad en sus empeños. Aunque han ocurrido mejoras, las imágenes distorsionadas de los latinos son todavía un lugar común en las películas distribuidas por las principales compañías cinematográficas. La misión de Sylvia consiste en combatir esas imágenes. Por más de treinta años, ella ha permanecido activa en las artes visuales porque ama este medio de comunicación y porque todavía persiste la necesidad de proyectar imágenes verdaderas de las minorías y de "la gente en su vida".

Sylvia ha recibido reconocimientos nacionales por escribir, dirigir y producir películas con relevancia, como *Women Working for Solidarity,* un documental que incorpora a mujeres inteligentes y creativas de diversas culturas, razas y antecedentes religiosos, unidas para combatir la violencia en la sociedad contemporánea. Su documental de una hora, *The Struggle in the Fields,* fue el tercer episodio de *Chicano! The Mexican Civil Rights Movement,"* una serie premiada de cuatro episodios presentada por el Public Broadcasting Service (PBS). En él, Sylvia presenta información sobre trabajadores agrícolas mexicanos pobres que adquieren fuerza para reclamar lo que ya debía haber sido suyo. Su valentía y tenacidad conmueven al público televidente. Los participantes activos en esta lucha adquirieron nuevos bríos al ver que su campaña se presentaba en forma justa. Muchos televidentes se enteraron por vez primera de la lucha de los trabajadores agrícolas. Sylvia dirigió *Resurrection Blvd.* y *Women: Stories of Passion,* dos series televisadas en Showtime. *Esperanza,* otro de sus videos premiados, presenta los esfuerzos de dos niños por encontrar a su padre después del arresto de su madre en una redada realizada por agentes de la oficina de inmigración en Los Ángeles. Una y otra vez, la obra de Sylvia refleja la necesidad de presentar la verdad y revelar lo que no se ha visto antes.

Los siguientes son algunos de los premios recibidos por Sylvia Morales por su trabajo: Una *Media Arts Fellowship* de la *Rockefeller Foundation,* una beca de la National Endowment for the Arts, el *Vesta Award* y el *Salute to Latinas Award.* Fue también honrada por la Comisión Femenil Mexicana Nacional durante la celebración del vigésimo aniversario de la organización Latinas in Film and Television. Sylvia Morales también participó en un taller de trabajo para mujeres sobre la dirección de películas patrocinado por el American Film Institute.

p. 61

Carmencristina Moreno

Musician/Música

"I do it for the children. With each song, I hope to acquaint the young mind with the beauty of traditional Mexican music and culture. With each song I want to provide here, in the United States, a more rightful appreciation of Mexico's culture through its musical history."

One could take poetic license and say that Carmencristina Moreno's role in life is to use her beloved Mexican music as a gateway to encourage, in both the young and old, a broader understanding of Mexico.

Carmencristina was born in East Los Angeles and was raised principally in the Fresno area by her parents, Luis and Carmen Moreno, who were successful musicians and radio singers from the 1930's through the 1950's. Luis Moreno was a composer and wrote *rancheras* that today are still considered "standard Mexican music" in the United States and in Mexico. Growing up, Carmencristina was immersed in beautiful music from both countries. These were the seeds that provided her with a broader understanding of artistic and cultural values. She learned to appreciate two cultures through their musical history. It is this rich legacy that Carmencristina has cultivated through her own musical career.

As a successful performer, Carmencristina has enjoyed singing and composing in both Spanish and English, though she has concentrated on traditional music from Mexico. Her work in Mexican traditional music has won her the 2003 Bess Lomax Hawes Award from the National Endowment for the Arts, the Lifetime Achievement Award from the California State Assembly in 2003, and again in 2005, and the award from Radio Bilingüe at the 2006 Mariachi Festival at the Selland Arena in Fresno, California. Carmencristina has performed at the Kennedy Center in Washington, D.C., and at the National Convention of the United Farmworkers Union in Fresno. She received a special invitation to perform in Durango, Mexico, for the 2005 *Revueltas* Festival. She briefly enjoyed playing roles in movies and recording for Epic and Capital Records. Carmencristina was the first U.S. performer to be featured in a songwriting contest and festival representing the Hispanic bloc of Latin American nations. She also received a special invitation from the Smithsonian Institution to perform and lead workshops at the Festival of American Folk Life. More recently, she has led musical workshops for students in Fresno, thereby continuing to foster an appreciation of both the Mexican and the American musical cultures.

Carmencristina Moreno's concerts have a far-reaching influence today. She inspires pride in her listeners as she keeps alive a valuable musical heritage. With her compositions, her voice and her guitar, Carmencristina Moreno offers her listeners exquisite bicultural auditory bouquets.

"Lo hago por los niños. Con cada canción, espero presentar a la mente joven la belleza de la música y la cultura tradicional mexicana. Con cada canción, quiero ofrecer, aquí, en los Estados Unidos, una apreciación más correcta de la cultura de México a través de su historia musical".

Podríamos permitirnos alguna licencia poética y decir que el rol de Carmencristina Moreno en la vida consiste en utilizar la música mexicana que tanto ama como vía de acceso para fomentar, tanto entre jóvenes y como entre personas mayores,una comprensión más amplia de México.

Carmencristina nació en el Este de Los Ángeles y se crió principalmente en el área de Fresno. Sus padres, Luis y Carmen Moreno, tuvieron una carrera exitosa como músicos y cantantes de la radio desde la década de 1930 hasta finales de los años 50. Luis Moreno era compositor y escribió canciones al estilo ranchero que se consideran "música mexicana estándar" tanto en México como en los Estados Unidos. Durante su juventud, Carmencristina vivió inmersa en la música hermosa de ambos países. Estas fueron las semillas de su comprensión más amplia de valores artísticos y culturales. Aprendió a apreciar dos culturas a través de su historia musical. Éste es el rico legado que Carmencristina ha cultivado durante su carrera musical.

Como intérprete de la canción, Carmencristina ha disfrutado de una carrera exitosa tanto en inglés como en español y ha escrito sus composiciones musicales en ambos idiomas. La mayor parte de su labor profesional se ha concentrado en la música tradicional mexicana. Sus contribuciones en este género le conquistaron premios como el *Bess Lomax Hawes Award* en 2003, de la National Endowment for the Arts y el *Lifetime Achievement Award* de la legislatura estatal de California en 2003 y en 2005. Radio Bilingüe la premió durante el Festival del Mariachi de 2006 organizado en Fresno. Carmencristina se ha presentado en el Kennedy Center de Washington, D.C., y actuó como parte del programa de la Convención Nacional del Sindicato de Trabajadores Agrícolas Unidos celebrada en Fresno. Por invitación especial actuó en Durango, México, durante el Festival Revueltas del año 2005. Sus grabaciones se han distribuido bajo los sellos de Epic y de Capital Records. Carmencristina fue la primera artista estadounidense en participar en un concurso y festival de compositores de canciones representando al bloque hispano de naciones latinoamericanas. La Smithsonian Institution le extendió una invitación especial para que dirigiera talleres de trabajo musicales durante el Festival of American Folk Life. Recientemente, ha dirigido talleres de trabajo para estudiantes en Fresno a través de los cuales ha continuado su tarea de fomentar el aprecio de las culturas musicales tanto de México como de los Estados Unidos.

Los conciertos de Carmencristina Moreno ejercen hoy una influencia de gran alcance. Ella inspira orgullo en sus oyentes manteniendo viva una valiosa tradición musical. Con su música, su voz y su guitarra, Carmencristina Moreno les ofrece primorosos ramilletes auditivos biculturales.

p. 67

Elsa Quiroz-Downs (1928-2006)

Community Advocate/Defensora Comunitaria

If ever there was a connection between the experiences of young people and the way these experiences shape values and consciousness, the young life of Elsa Quiroz is a prime example of that connection. Born in 1926, near the Mexican border, she lived all her life in Southern California. As a child, she was denied the right to buy ice cream at the local pharmacy and witnessed the restriction of minorities to the balcony of the local theater. These early experiences contributed to the principles she adopted, fostering her development as a community advocate. Many years later, reflecting on the Chicano Movement of the 1960's, Elsa wrote as follows to the editor of the local newspaper:

> *"There is a need for the world to respect distinctions...a need for better understanding of each other. So many forget that this United States is a land of many immigrants that possess many important similarities with each other and at the same time differences to share, teach and learn from. This is diversity. As Mexicans we choose which traits from the United States to assimilate and which Mexican traits to hold on to and not exchange...biculturalism, multiculturalism is the making of a deeper, more encompassing, stronger society."*

The need to advocate change for her Mexican community came at a very young age. Elsa's earliest recollections of her father were connected with his empathy for the Mexican farm workers. When her parents opened a grocery store, they were the only grocers who extended credit to field hands. Mr. Quiroz was also involved in the efforts toward the formation of the first Mexican self-help association.

In Imperial County, Elsa was the first woman member of the Mexican American Political Association (MAPA), the first woman on the Board of Directors of the Educational Opportunity Centers (EOC) program, and the first woman on the Board of Directors of the Casa de Amistad. Elsa became the first Mexican-American registered nurse at the Imperial County Health Department, and was one of the first registered nurses to help organize the Imperial County Nurses Association, as well as one of its first officers. She was a founder of the Clínica de Salud del Pueblo and the Work Training Center. She was steadfast in the face of adversity and remained ever vigilant of her community's needs. Her efforts helped resolve many important issues. For example, she worked to ensure improved education for migrant children and their parents by establishing classes in English as a Second Language (ESL) and classes in American Citizenship, and by obtaining the closure of unsanitary farm labor camps. With her assistance, six Mexican-American families filed affidavits in the federal district courts to stop the placement of Mexican-American students in classes for "educable mentally retarded" children solely because they lacked proficiency in English. Typically, on an occasion when Elsa saw the need, she converted her station wagon into an ambulance; and she assisted a Franciscan priest, who served as chaplain to the farm workers, in offering health care services on the historical 100-mile march led by César Chávez from Coachella to Caléxico.

The recipient of many accolades and awards for her work, Elsa Quiroz-Downs often said that she was a "daughter of the Americas, advocating equality and fairness in the way of true democracies".

Si alguna vez ha existido una conexión entre las experiencias de la gente joven y la manera en que esas experiencias forman sus valores y su conciencia, la juventud de Elsa Quiroz es un ejemplo clásico para ilustrar esa conexión. Nacida en 1926, cerca de la frontera de México, Elsa vivió toda su vida en el Sur de California. Cuando era niña, se le negaba el derecho de comprar helados en la farmacia local y observó otra retricción impuesta a las minorías, que podían ocupar solamente las butacas del balcón en el teatro de su localidad. Estas experiencias contribuyeron a forjar los principios que ella adoptó, fomentando su desarrollo como defensora de la comunidad. Muchos años después, mientras reflexionaba sobre el Movimiento Chicano de los años 60, Elsa escribió lo siguiente al editor del periódico local:

> *"En el mundo hay una necesidad de respetar las diferencias...una necesidad de una mejor comprensión mutua. Tantas personas olvidan que los Estados Unidos es un país de muchos inmigrantes que poseen similitudes importantes entre sí, y que tienen al mismo tiempo diferencias que pueden compartir y enseñar, y de las que pueden aprender. Esto es la diversidad. Como mexicanos nosotros escogemos las características de los Estados Unidos que podemos asimilar, y las características mexicanas que deseamos retener y no intercambiar...del biculturalismo, del multiculturalismo se puede crear un sociedad más profunda, más comprensiva y más fuerte".*

La necesidad de abogar por el cambio en su comunidad mexicana se le manifestó muy temprano en su vida. Los primeros recuerdos que tenía de su padre estaban conectados con la empatía que él tenía para los campesinos mexicanos. Cuando sus padres abrieron un tienda de víveres, fueron los únicos que extendían crédito a los trabajadores del campo. El Sr. Quiroz participó también en los esfuerzos por crear la primera asociación mexicana de auto-ayuda.

En el Condado Imperial, Elsa fue la primera mujer en ingresar como miembro a la Asociación Política Mexicano Americana (MAPA), la primera mujer en ingresar a la Junta Directiva del programa de los Centros de Oportunidad Educacional (EOC), y la primera también en servir en la Junta Directiva de la Casa de Amistad. Elsa fue la primera enfermera titulada en el Departamento de Salud del Valle Imperial; y una de las primeras en ayudar a organizar la Asociación de Enfermeras del Condado Imperial, de la cual fue una de las primeras dirigentes. Fue una de las fundadoras de La Clínica de Salud del Pueblo y del Work Training Center. Luchó con firmeza frente a situaciones adversas y se mantuvo vigilante para identificar y satisfacer las necesidades de la comunidad. Su intervención hizo posible la resolución de muchos problemas significativos. Por ejemplo, ella trabajó para asegurar una mejor educación para los hijos de los trabajadores itinerantes y para sus padres, mediante el establecimiento de clases de inglés como segundo idioma (ESL) y clases para obtener la ciudadanía, y obtuvo la clausura de campamentos donde los trabajadores agrícolas vivían en condiciones insalubres. Con su apoyo, seis familias mexicano americanas hicieron declaraciones juradas en las cortes federales para impedir la colocación de niños chicanos en clases para "niños educables con retraso mental", simplemente porque no dominaban el idioma inglés. Siguiendo su costumbre de ayudar, Elsa convirtió su vagoneta en ambulancia en una ocasión, y ayudó a un fraile franciscano que actuaba como capellán de los trabajadores agrícolas, a proveer servicios de atención médica durante la marcha histórica de 100 millas organizada por César Chávez desde Coachella hasta Caléxico.

Titular de muchos reconocimientos por su labor, Elsa Quiroz-Downs se describía con frecuencia como "hija de las Américas, defensora de la justicia y la igualdad como es de esperar en las verdaderas democracias".

p. 58

Sarah Reyes

Politician and Community Activist/Política y Activista Comunitaria

Sarah Reyes became the first Latina and the second woman from the San Joaquin Valley to be elected to the California State Assembly. She brought to the position her demonstrated commitment to the needs of the communities in California's Central Valley. Before and after her election to public office, Sarah Reyes has maintained a strong history of involvement as a volunteer serving on a number of boards and non-profit organizations that promote community welfare.

Sarah has supported local efforts such as the "Radio Bilingüe Barrio" (Bilingual Radio Neighborhood) gang prevention program in the Central Valley. She is a founder and Chairperson of the Central California Latina Conference in Fresno, California. She earned Fresno's Top Ten Professional Women Award and has served as President of the Fresno Latino Chamber of Commerce. Before her election to the California State Assembly, she was Assistant to the Chancellor of the State Center Community College District. The District serves as the local administrative component for many colleges in the Central Valley. Sarah has coordinated governmental relations and international education programs, and has advocated affirmative action.

At the end of her term in the California State Assembly, Sarah reviewed the many options open to her. Choosing "community needs" over salary considerations, she began to work on behalf of the hungry in Fresno, Madera, and King counties. She is the current Director of Fresno's Community Food Bank.

Home for Sarah Reyes has always been the Central Valley. She comes from a large Mexican family and was influenced at an early age to adhere to the cultural values of her parents.

> *"My parents set accountability standards and expectations. It wasn't always easy, especially as a teenager, to have parents that had old-fashioned Mexican values. But, when I look back, I understand now what they wanted for their children, and I appreciate, now more than ever, those Mexican values and traditions. I am thankful to them, and many times I feel that, even today, my efforts are a way to show my parents that I'm doing the right thing."*

It was her family's belief that a sense of pride and ethics are strongest when they are instilled in children at an early age.

The Central Valley is home to a large population of Latino agricultural workers who need an advocate. Sarah Reyes has witnessed the desperation of many of these families and understood that it simply cannot be ignored. With boundless energy and enthusiasm, she continues to address the challenging needs of these families. Fresh and honest in her style, she wants to make a difference in people's lives. Her principles dictate that intelligent, compassionate thought must prevail: "I am a staunch promoter of the democratic process and community involvement to advance public good."

Sarah Reyes fue la primera latina y la segunda mujer electa para ocupar un escaño en la Legislatura del Estado de California como representante del Valle de San Joaquín. Ella aportó a su nuevo cargo su dedicación comprobada a la tarea de resolver las necesidades de las comunidades en la región del Valle Central de California. Antes y después de su elección como representante, Sarah Reyes ha mantenido una fuerte trayectoria como voluntaria en juntas directivas y organizaciones sin fines de lucro que fomentan el bienestar de las comunidades.

Sarah apoyó esfuerzos locales, como el programa "Radio Bilingüe Barrio", para la prevención de pandillas en el Valle Central. Fue una de las fundadoras y Presidenta de la Central California Latina Conference en Fresno, California. Fue premiada como una de las diez mujeres profesionales más distinguidas de Fresno, y sirvió como Presidenta de la Cámara de Comercio Latina de Fresno. Antes de su elección a la legislatura estatal, fue Asistente del Canciller del State Center Community College District. Este Distrito sirve como el componente administrativo local para muchas de las instituciones de educación superior en el Valle Central. Sarah ha sido coordinadora de relaciones gubernamentales y de programas educativos internacionales, y defensora de la acción afirmativa.

Al finalizar su término en la Legislatura del Estado, Sarah examinó una variedad de opciones dentro de la arena política y decidió trabajar por las necesidades de la comunidad, relegando a un segundo lugar consideraciones salariales. Comenzó entonces a trabajar en representación de la gente que carecía de alimentos en los Condados de Fresno, Madera y King. Actualmente, es la Directora del Fresno Community Food Bank.

El Valle Central ha sido siempre el hogar de Sarah Reyes. Ella se crió en una familia mexicana grande y los valores culturales de sus padres influyeron los valores que desarrolló desde su infancia.

"Mis padres establecieron normas y expectativas de responsabilidad. No fue nada fácil, especialmente como adolescente, tener padres enchapados a la antigua con valores mexicanos. Pero examinando mi pasado, comprendo ahora lo que ellos querían para sus hijos, y ahora más que nunca aprecio aquellos valores y tradiciones mexicanos. Siento gratitud hacia ellos y con frecuencia considero que aun hoy día, mis esfuerzos se encaminan a demostrar a mis padre que estoy haciendo lo correcto".

En su familia existía la convicción de que el orgullo y la ética son más fuertes cuando se les inculca a los niños desde muy temprano.

El Valle Central es un área donde reside una extensa población de campesinos latinos con necesidad de alguien que los defienda. Sarah Reyes ha observado la desesperación de muchas de estas familias y ha comprendido que es imposible ignorarla. Con una energía y un entusiasmo sin límites, ella continúa enfrentándose a las necesidades de estas familias. Con un enfoque refrescante y honesto, ella desea mejorar el futuro de su gente. Sus principios hacen imperativa la necesidad de soluciones inteligentes y compasivas: "Soy una defensora incansable del proceso democrático y en la participación de la comunidad para hacer progresar el bienestar público".

p. 53

Mary Helen Barajas Rocha

Community Activist/Activista Comunitaria

The career of Mary Helen Barajas Rocha as activist, politician, and health advocate for the communities located in the heart of the oil refinery area of Contra Costa County, California, spans nearly 30 years. For her dedicated, unselfish and continuous service, she has received many awards, including the César Chávez Award from Los Medanos College, the Pittsburg High School Latino Students' Club Award, and the Maya Award from the United Council of Spanish-Speaking Organizations of Contra Costa County.

Mary Helen was born in Stockton, California. Her father was originally from San José de Gracia, Jalisco, Mexico, and her mother's family were from Zacatecas, Mexico. Her parents settled in Antioch, California, in search of work in the canneries and refineries. Very early in life, Mary Helen was directed toward higher education by her mother, who wanted to offer to her daughter opportunities that had been denied to her and her husband. Upon receiving her undergraduate degree in Public Administration from Antioch University in Antioch, California, Mary Helen embarked on a career focused on improving the lives of others.

"My career in social service on behalf of low-income communities has been influenced by my parents. My father, who came to the United States from Mexico as a young man, worked very hard to support his family. Though highly intelligent, honorable and hard-working, he had to face many barriers trying to provide access to health care and social services for his family."

Mary Helen has served for more than sixteen years on the Antioch School Board and eight years on the Antioch City Council. She has been elected Mayor of Antioch, California, four times. She was appointed to the Special Education Commission of the State of California. She is a founding member of the Mexican American School Board Association and the National Hispanic School Board Association, and has served as president of both. Her work with non-profit agencies includes directing and coordinating the United Way Workplace Program, working for Parenting for Prevention and Latino Parenting Today and Tomorrow, and directing the Contra Costa Child Care Program. In recognition of her work on behalf of families in need of childcare, a childcare center in Antioch was named after her. As Coordinator for the Healthy Families Project, she manages the Delta Resource Center, which houses nine non-profit service agencies in the Brentwood agricultural area of Contra Costa County, where many farm workers and their families live. Using her leadership, the resource center has become a dream come true. Through it, social services and health care have been made more accessible to the community members most in need. Her husband and three adult children wholeheartedly support the work Mary Helen Barajas Rocha undertook many years ago to seek justice for all.

La carrera de Mary Helen Barajas Rocha como activista, política y defensora de la salud en las comunidades ubicadas en el corazón del área de las refinerías de petróleo en el Condado de Contra Costa, California, cubre un período de casi 30 años. Por su dedicación abnegada y continua, Mary Helen ha recibido numerosos premios y reconocimientos, entre ellos, los siguientes: el *César Chávez Award* de Los Medanos College, el premio conferido por el Club de Estudiantes Latinos de Pittsburg High School y el *Maya Award* conferido por el United Council of Spanish-Speaking Organizations en el Condado de Contra Costa.

Mary Helen nació en Stockton, California. Su padre era oriundo de San José de Gracia, Jalisco, México, y la familia de su madre de Zacatecas, México. Sus padres se establecieron en Antioch, California, a donde llegaron en busca de trabajo en las fábricas enlatadoras y en las refinerías. Desde muy niña, Mary Helen recibió la orientación de su madre hacia la educación superior, quien deseaba ofrecer a su hija las oportunidades educativas que ella y su esposo nunca tuvieron. Después de graduarse con un título en Administración Pública de Antioch University, Mary Helen inició una carrera centrada en el deseo de mejorar la vida de otros.

> *"Mi carrera en el campo del servicio social en favor de comunidades de bajos ingresos recibió la influencia de mis padres. Mi padre, quien emigró a los Estados Unidos desde México en su juventud, trabajó muy duro para mantener a su familia. Aunque era una persona muy inteligente, tuvo que superar muchas barreras para obtener acceso a servicios sociales y de salud para su familia".*

Mary Helen ha sido miembro de la Junta Escolar de Antioch durante más de 16 años y del Concejo Municipal de esta ciudad por ocho años. Ha sido electa cuatro veces Alcaldesa de Antioch. Recibió también un nombramiento para servir en la Special Education Commission del Estado de California. Es miembro fundador de la Mexican American School Board Association y de la National Hispanic School Board Association. En ambas organizaciones, ha ocupado el cargo de Presidenta. Trabajando para organizaciones sin fines de lucro, dirigió y coordinó el United Way Workplace Program, sirvió en los programas Parenting for Prevention y Latino Parenting Today and Tomorrow. Ha dirigido también el Programa para el Cuidado de Niños del Condado de Contra Costa. En reconocimiento de su labor en pro de familias que necesitan el cuidado de niños, una guardería infantil en Antioch ha sido nombrada en su honor. Como Coordinadora del Healthy Families Project, asumió la administración del Delta Resource Center, en el cual operan nueve agencias de servicio sin fines de lucro, en el área de Brentwood del Condado de Contra Costa, donde reside un gran número de trabajadores agrícolas. Bajo su liderazgo, el centro se ha convertido en un sueño hecho realidad. En él, las familias más necesitadas tienen un acceso más fácil a servicios sociales y de salud. La labor que Mary Helen Barajas Rocha emprendió hace muchos años, buscando justicia para todos, cuenta con el respaldo incondicional de su esposo y de sus hijos.

p. 66

Diane Rodríguez

Theater Advocate/Defensora del Teatro

It was easy for Diane Rodríguez to choose the theater for her life's work. Several of her family members, including her parents, who were second- and third-generation Mexican-Americans, were performers. Her father was a singer and her mother a musician. As far back as she can remember, growing up in San Jose, California, she was surrounded by performers who encouraged her to use the theater arts for self-expression. In the early 1970's, when the Chicano Movement began and the United Farm Workers Union was formed, the world of theater merged with Diane's social and political consciousness.

Diane began her professional career as a performer with El Teatro Campesino, a company at the vanguard of the progressive social and political movements of the time. She recalls that joining El Teatro Campesino was like running away to a forbidden tent show. Part circus, part evangelical revival, part political rally, it was spellbinding.

> *"It was grand and difficult at the same time, but we all knew that it was very important. I learned how to commit to the act, commit to my Chicana aesthetics.... We did everything. We acted, answered phones, built costumes and sets, made props, booked tours, taught workshops, made adobe bricks, picketed, learned Nahuatl, made movies, married, had kids, and performed on stages as varied as flat bed trucks, the Stuttgart Opera and ancient Greco-Roman theatres in Italy. During my years with El Teatro Campesino, my vision coalesced with my community under the banner of consciousness and self-empowerment."*

Diane has founded two theater companies. At nineteen, when she was a student at the University of California, Santa Barbara, she founded El Teatro de la Esperanza (The Theatre of Hope), and some years later, in Los Angeles, she founded the comedy troupe Latinas Anonymous. Through Arte Público Press, she published her two plays in a volume that went on to a second printing. One of her plays was also released as a CD comedy titled "Laff Traxx".

As an actress, Diane has appeared in numerous television programs and films. Her stage credits include performances at regional theaters in Southern California—the Mark Taper Forum; South Coast Repertory; the San Diego Repertory Theatre; the Old Globe Theatre; the La Jolla Playhouse; and Cornerstone Theatre. She is published in various theater anthologies and portrayed in murals, paintings, and photographs by an array of Chicano artists. Currently at the Mark Taper Forum in Los Angeles, she runs a play development program for the most distinguished and prolific Latino playwrights in the country. She has received a National Endowment for the Arts/Theatre Communications Group Directing Fellowship. The Los Angeles Weekly has recognized Diane Rodríguez as a Local Hero, and she received the Rainbow Award from the Los Angeles Women's Theater Festival for her contribution to diversity in the American theater. "One can believe in the magic of the theater, the magic to create unity and new social awareness. Theater has been my haven and still is today."

Para Diane Rodríguez, elegir el teatro para su vida profesional fue lo más natural. Varios miembros de su familia, entre ellos sus padres, pertenecientes a una segunda y tercera generación de mexicanoamericanos, habían sido actores. Su padre fue cantante y su madre música. Hasta donde ella recuerda, durante la época de su niñez en San José, California, estuvo siempre rodeada de artistas que la animaban a expresarse por medio de las artes teatrales. A principios de los años 70, cuando se iniciaba el Movimiento Chicano y se formaba el Sindicato de Trabajadores Agrícolas Unidos, el mundo del teatro se fusionó con la conciencia social y política de Diane.

La carrera teatral de Diane se inició en El Teatro Campesino, una compañía de vanguardia que articulaba en sus producciones los movimientos sociales y políticos de esos años. Ella recuerda que unirse a El Teatro

Campesino era como una escapada a un espectáculo de carpa prohibido. Parte circo, parte renovación evangélica, parte mitin político, la compañía producía un efecto hipnotizante.

> *"Era algo al mismo tiempo espléndido y difícil, pero sabíamos que era algo muy importante. Aprendí a entregarme a la actuación, a mi estética chicana...Hacíamos un poco de todo. Actuábamos, contestábamos el teléfono, creábamos vestuarios y escenografía, preparábamos la utilería, organizábamos giras, dirigíamos talleres, hacíamos bloques de adobe, piqueteábamos, aprendíamos náhuatl, filmábamos películas, nos casábamos, formábamos familias, actuábamos en escenarios de todo tipo, desde plataformas de camiones hasta el escenario de la Ópera en Stuttgart y antiguos teatros greco-romanos en Italia. Durante mis años con El Teatro Campesino, mi visión se fusionó con mi comunidad bajo la bandera de la conciencia social y la auto-valía".*

Diane ha fundado dos compañías teatrales. A la edad de diecinueve años, cuando era estudiante en la Universidad de California, Santa Barbara, fundó El Teatro de la Esperanza y, algunos años después, en Los Ángeles, el grupo teatral de comediantes Latinas Anonymous. A través de la casa editorial Arte Público Press, publicó dos obras de teatro escritas por ella en un volumen que tuvo una segunda edición. Una de sus comedias se distribuyó en un CD titulado *Laff Traxx*.

Diane ha actuado en numerosas películas y programas de televisión. Sus créditos como actriz incluyen actuaciones en teatros regionales del Sur del California —el Mark Taper Forum; el South Coast Repertory; el San Diego Repertory Theatre; el Old Globe Theatre; el La Jolla Playhouse; y el Cornerstone Theatre. Sus escritos se han publicado en varias antologías teatrales, y varios muralistas, pintores y fotógrafos chicanos han captado su imagen en sus obras. Actualmente, ella dirige un programa de producción teatral en el Mark Taper Forum de Los Ángeles, para algunos de los más prolíficos y distinguidos autores teatrales latinos del país. Ha recibido una Directing Fellowship de la National Endowment for the Arts/Theatre Communications Group. El *Los Angeles Weekly* ha reconocido a Diane Rodríguez como una *Local Hero,* y su contribución a la diversidad en el teatro de los Estados Unidos le conquistó el *Rainbow Award* del Los Angeles Women's Theater Festival. "Uno puede creer en la magia del teatro, en la magia creadora de unidad y una nueva conciencia social. El teatro ha sido y continúa siendo mi refugio".

p. 16

Rodri J. Rodríguez

Musical and Cultural Event Promoter/Promotora Musical y Cultural

A multi-talented musical event producer, Rodri J. Rodriguez is also a visionary cultural arts advocate. The spectacular events she produces have written a new chapter in the word of entertainment. Her productions are a celebration of Mexico's mariachi music, which she has helped to promote in this country.

MARIACHI USA, heralded as the word's most celebrated mariachi festival, is a two-day event held annually since 1990 at the Hollywood Bowl in Hollywood, California. Rodri is the Executive Producer, Director, and Host of this extravaganza, which draws over 32, 000 fans.

Rodri founded the Rodri Entertainment Group, an international entertainment and production company. She made her presence felt in this field when she played a key role in the decision to have a Latin Category added to the Grammy Awards conferred by the National Academy of Recording Arts and Sciences. She accepted one of the first Grammys awarded in this new category for Mongo Santamaría. Rodri has performed and produced shows in Mexico, Argentina, Chile, Brazil, Israel, and Europe with internationally known entertainment figures from Spain, Latin America, and the United States, including Julio Iglesias, Natalie Cole, Vikki Carr, Sarah Vaughn, Eric Clapton, and Herbie Hancock.

Rodri is also the founder and President of the MARIACHI USA Foundation, which provides grants for mariachi and folklore programs to schools in California. She is a member of the Grammy Foundation National Education Advisory Council, a founding member of Hispanas Organized for Political Equality (HOPE), Chairman of the Board of Trustees for the Hollywood Arts Council, a Member of the UNICEF Leadership Committee, and an advisory member of the Natural History Museum and the Cultural Affairs Commission for the City of Los Angeles. Rodri's interest in working to benefit low-income communities has led her to participate in the Vikki Carr Scholarship Foundation, in Californians for Legal Aid, and in the California State Bar Legal Services Trust Fund Commission.

Rodri J. Rodriguez's efforts have been extensively recognized through local, state, and federal tributes. Among her numerous awards are the Charlie Chaplin Award from the Hollywood Arts Council, the Entrepreneur of the Year Award from the National Hispanic Academy of Media Arts and Sciences, the Golden Eagle Award, the NOSOTROS Award granted by Ricardo Montalbán, and the Woman of the Year Award from the Mexican American Opportunity Foundation. As a producer, she has ensured that multicultural musical arts are heard. Hers has been, and continues to be, a message that the riveting beauty of art has no boundaries. She often volunteers to speak to students of different backgrounds, motivating them to embrace one another for their common sensibilities. "Celebrate art with each other," she says, "because it is a unifying expression of humanity."

Rodri J. Rodríguez, productora de eventos musicales de talentos múltiples, es también una defensora visionaria de las artes y de la cultura. Los eventos que ella produce han escrito un capítulo nuevo en el mundo del espectáculo. Sus producciones constituyen una celebración de la música mariachi mexicana, cuyo aprecio ella ha promovido en los Estados Unidos.

MARIACHI USA, reconocido como el festival del mariachi más celebrado internacionalmente, es un evento musical de dos días organizado anualmente desde 1990, en el prestigioso Hollywood Bowl de Hollywood, California. Rodri es la Productora Ejecutiva, Directora y Anfitriona de esta extravaganza que atrae a más de 32,000 aficionados.

Rodri fundó el Rodri Entertainment Group, una compañia internacional dedicada a la producción de espectáculos. La presencia de Rodri se hizo sentir en este campo cuando su intervención fue clave en la decisión de incluir una Categoría Latina en los *Grammy Awards* de la National Academy of Recording Arts and Sciences. Ella aceptó para Mongo Santamaría el primer *Grammy* otorgado en esta nueva categoría. Rodri ha producido y actuado en atracciones públicas organizadas en México, Argentina, Chile, Brasil, Israel y Europa con personajes estelares de España, la América Latina y los Estados Unidos, entre ellos, Julio Iglesias, Natalie Cole, Vikki Carr, Sarah Vaughn, Eric Clapton y Herbie Hancock.

Rodri es también la fundadora y Presidenta de la Fundación MARIACHI USA, la cual subvenciona programas de mariachis y folclore en las escuelas de California. Ella forma parte del Grammy Foundation National Education Advisory Council, fue miembro fundador de Hispanas Organized for Political Equality (HOPE), Presidenta de la Junta de Síndicos del Hollywood Arts Council, miembro del UNICEF Leadership Committee, y asesora del Natural History Museum y de la Cultural Affairs Commission de la Ciudad de Los Ángeles. El interés demostrado por Rodri por trabajar en beneficio de comunidades de bajos ingresos la llevó a participar en organizaciones como la Vikki Carr Scholarship Foundation, Californians for Legal Aid, y la California State Bar Legal Services Trust Fund Commission.

Por su labor artística y cultural, Rodri J. Rodriguez ha recibido un gran número de reconocimientos de entidades locales, estatales y federales. Entre ellos se cuentan el *Charlie Chaplin Award* conferido por el Hollywood Arts Council, el *Entrepreneur of the Year Award* de la National Hispanic Academy of Media Arts and Sciences, el *Golden Eagle Award,* y el *NOSOTROS Award* otorgado por Ricardo Montalbán. La Mexican

American Opportunity Foundation la ha nombrado *Woman of the Year*. Como productora, ella ha asegurado que se escuchen las artes musicales multiculturales. Su mensaje ha sido y continúa siendo que la belleza electrizante del arte no tiene fronteras nacionales. Con frecuencia, ella se ofrece como voluntaria para dar charlas ante estudiantes de ascendencias distintas, motivándolos para que fraternicen en base a sus sensibilidades comunes. "Celebren el arte entre ustedes", les dice, "porque el arte es una expresión unificadora de la humanidad".

p. 22

Lucille Roybal-Allard

United States Congresswoman/Congresista de los Estados Unidos

"It is critical that Latino views and opinions be heard in the United States Congress."

The Honorable Lucille Roybal-Allard represents California's 34th Congressional District. She is the oldest daughter of Lucille Beserra Roybal and Congressman Edward R. Roybal, who served as a member of Congress for thirty years. Congresswoman Roybal-Allard is a staunch advocate of rightful representation for all of her constituents, many of whom are Latinos. She is married and the mother of two adult children.

Representing several Los Angeles neighborhoods, Lucille Roybal-Allard has been a political pioneer. Before being elected to Congress, she was a member of the California State Assembly. In 1992, she became the first Mexican American woman to be elected to the United States Congress. She was also the first Latina in United States history to be appointed to the House Appropriations Committee, one of the most powerful and distinguished committees in Congress. In this capacity, she oversaw funding which affected small business development, international trade, the census, national security, labor relations, law enforcement, equal employment issues, the restructuring of the Immigration and Naturalization Service, and many other matters critical to her district and to the nation as a whole. Lucille Roybal-Allard was also the first woman ever elected to chair the Congressional Hispanic Caucus.

The constituents of Congresswoman Lucille Roybal-Allard know her as someone who will stand with them to ensure that their voices are heard. She continually demonstrates her commitment to them. When mothers and other community members in East and South Central Los Angeles fought to stop the building of a toxic waste incinerator in their neighborhood, she supported them. She regularly sponsors information fairs on health, crime prevention, safety, citizenship, first-time home buying, and government services. To bring more federal resources into her district, she established the highly successful Grants Notification Program, which gives advance notification of upcoming federal grant opportunities to potential applicants, as well as technical assistance to apply for the grants. The program has brought millions of federal dollars to her district. Congresswoman Roybal-Allard also initiated the Student Information Program to provide students with information on scholarships, financial aid, internships, and fellowships. During the last census, she organized grass-roots meetings across the county to assist in a more accurate count of Latinos in the United States. Her skills for consensus building ensure that issues important to all of her constituents are placed high on the agenda of governmental policymakers.

The Honorable Lucille Roybal-Allard stands tall, forcefully projecting the voice of her constituents in the halls of government. It is their well-being she carries in her heart, and it is their concerns that guide her in her political life.

"Es de importancia crítica que los puntos de vista y las opiniones de los latinos se escuchen en el Congreso de los Estados Unidos".

La Honorable Lucille Roybal-Allard representa al Distrito Electoral 34 de California. Ella es la hija mayor de Lucille Beserra Roybal y del Congresista Edward R. Roybal, quien fue miembro del Congreso por treinta años. La Congresista Roybal-Allard es una defensora acérrima de la representación a que tienen derecho todos sus electores, muchos de los cuales son latinos. Lucille es persona casada con dos hijos adultos.

Como representante de varios barrios de Los Ángeles, Lucille Roybal-Allard ha sido una pionera política. Antes de su elección al Congreso, fue miembro de la Legislatura del Estado de California. En 1992, fue la primera mujer mexicanoamericana elegida para ocupar un escaño en el Congreso de los Estados Unidos. Fue también la primera latina en la historia de los Estados Unidos nombrada al Comité de Gastos de la Cámara de Representantes, uno de los comités más poderosos y prestigiosos del Congreso. En este cargo, fiscalizaba el financiamiento para el desarrollo de negocios pequeños, el comercio internacional, el censo, la seguridad nacional, las relaciones laborales, las agencias del orden público, los asuntos relacionados con la igualdad en los empleos, la re-estructuración del Servicio de Inmigración y Naturalización, y numerosos otros asuntos de profundo interés para su distrito y para todo el país. Lucille Roybal-Allard fue también la primera mujer elegida para presidir el Bloque de Congresistas Hispanos.

Los residentes del distrito de la Congresista Lucille Roybal-Allard saben que ella lucha a la par de ellos para lograr que sus voces se escuchen. Su dedicación a ellos es inquebrantable. Cuando las madres y otros miembros de las comunidades del Este y del Sur de Los Ángeles lucharon para detener la construcción de un incinerador tóxico en su barrio, contaron con su apoyo. Ella patrocina regularmente eventos informativos sobre la salud, la prevención de delitos, la seguridad, la ciudadanía, la compra de una primera vivienda y otros servicios gubernamentales. Para canalizar mayores recursos federales hacia su distrito, ella estableció el Programa de Notificación de Subvenciones, que ha tenido un éxito extraordinario. Por medio de este programa, el público recibe notificación por adelantado de las oportunidades de subvenciones federales y los solicitantes reciben ayuda técnica para presentar sus solicitudes. Este programa ha inyectado millones en dólares federales a su distrito. En forma similar, la Congresista Roybal-Allard inició un Programa de Información para Estudiantes con el fin de diseminar información sobre becas, ayuda financiera, prácticas de capacitación y subvenciones para investigaciones académicas. Durante el último censo, ella organizó juntas populares en todo el país para contribuir a un conteo más exacto de los latinos en los Estados Unidos. Su capacidad para crear consenso asegura que asuntos de importancia para su distrito obtengan prioridad en la agenda de los responsables de formular políticas gubernamentales.

La Honorable Lucille Roybal-Allard es una personalidad descollante cuya voz se proyecta con firmeza en las salas gubernamentales en representación de sus electores. Es el bienestar de ellos lo que la impulsa a actuar, y son las inquietudes que ellos expresan las que guían su vida política.

p. 60

Elba Rosario Sánchez

Poet and Educator/Poeta y Educadora

When Elba Rosario Sánchez was twelve years old, her mother took her and her two younger sisters to San Francisco, California, to join their father. They left behind the family home in Atemajac, a small town in Jalisco, Mexico. It was approximately four years later that Elba Rosario gained her political awareness and her newly-defined Chicana identity when she learned about the United Farm Workers Union (UFW). She later began picketing for the UFW. The courage and tenacity of the farm workers, and of African American citizens in their equally inspirational civil rights struggles, encouraged her to participate in marches, demonstrations, and rallies. This was the beginning of a lifetime of commitment to communities in need.

After a hiatus of several years, Elba Rosario, the divorced mother of two young children, returned to college as a re-entry student at the University of California, Santa Cruz (UCSC). Upon earning her Master's degree in Literature, Elba Rosario began teaching, and became the Director of the Spanish for Spanish Speakers Program at the University. Under her leadership, this program played a pivotal role in the cultural, intellectual, and academic lives of Chicano and Latino students at UCSC. For Elba Rosario and for her students, the written word became the means to enter into new passages of thought, exploration, and self validation. A central theme of many of the writing projects under the program was support for social justice. In 1984, a group of other Chicana/Latina writers that included UCSC faculty, staff, and students decided that, since their work was being rejected for publication because it was considered "too ethnic" or that there was "no audience" for it, they would put together their own literary journal. Elba Rosario joined forces with them and Revista Mujeres (Women's Journal) was founded. For three years, it provided an opportunity for California Latinas to have their work published and distributed. Invitations to the writers to present their work at poetry readings and other cultural events exposed a new audience to the richness of bilingual Latinas' voices.

Elba Rosario's poetry and other writings have appeared in numerous publications, including *Chicana Feminisms: A Critical Reader*, and *Chicana Feminisms: Disruptions in Dialogue,* both published by Duke University Press in North Carolina; *Forum,* the Journal of the Academic Senate for California Community Colleges; *Chicana Writes: On Word and Film* (Third Woman Press); *Lenguas Sueltas: Poemas* (Moving Parts Press); *From Silence to Howl* (Third Woman Press); *Chicana Critical Issues* (Third Woman Press); *New Chicana/ Chicano Writing* (University of Arizona Press). Elba Rosario is the author of *Tallos de Luna/Moon Shoots* (Moving Parts Press).

In her current position as Director of the University Community Partnership Program at the University of San Francisco, Elba Rosario Sánchez continues to promote education, cultural activities, and the written word, which affects not only Latino communities but society in general. Ever-present in her professional work and her poetry is the irrepressible desire to expand knowledge and sensibility. The poetic soul of Elba Rosario Sánchez projects images of human experience from a perspective that is both Latina and universal, images that delight and at the same time reflect her vocation as a teacher.

Cuando Elba Rosario Sánchez tenía doce años de edad, su madre la llevó a ella y a sus dos hermanas menores a San Francisco, California, para reunirse con su padre. Al hacerlo, dejaron atrás el hogar de la familia en Atemajac, un pueblo pequeño en Jalisco, México. Transcurrieron cuatro años antes de que Elba Rosario desarrollara su conciencia política y definiera su nueva identidad como chicana, algo que ocurrió cuando se interesó en las actividades del Sindicato de Trabajadores Agrícolas Unidos (UFW). Fue entonces cuando comenzó a participar en los piquetes del UFW. La valentía y tenacidad de los trabajadores agrícolas, y de los ciudadanos de ascendencia afroamericana en su lucha inspiradora en favor de los derechos civiles, animaron a Elba Rosario a participar más activamente en marchas, demostraciones y mítines. Éste fue el inicio de toda una vida de dedicación a las comunidades necesitadas.

Después de un paréntesis de varios años, Elba Rosario, divorciada y la madre de hijos pequeños, reanudó su educación universitaria en la Universidad de California en Santa Cruz (UCSC). Después de obtener una Maestría en Literatura, Elba comenzó a enseñar y fue nombrada Directora del Programa de Español para Hispanoparlantes de la Universidad. Bajo su dirección, este programa hizo un papel fundamental en la vida cultural, intelectual y académica de los estudiantes chicanos y latinos en UCSC. Para Elba Rosario y para sus estudiantes, la palabra escrita se convirtió en un medio para descubrir ideas nuevas, explorar posibilidades y reafirmar su propio valer. El tema central de muchos de los proyectos de composición literaria en este programa fue el apoyo de la justicia social. En 1984, un grupo de otras escritoras latinas y chicanas, entre ellas profesoras universitarias, miembros del personal administrativo y estudiantes de UCSC, decidieron que, como sus escritos no se publicaban por considerarse "demasiado étnicos" o porque carecían de "suficiente audiencia", ellas crearían su propia revista literaria. Elba Rosario se unió a ellas para fundar *Revista Mujeres*. Durante tres años, esta revista brindó a escritoras latinas de California la oportunidad de publicar y distribuir sus escritos. Las invitaciones recibidas por las escritoras para participar en sesiones de lecturas de poesía y en otros eventos culturales reveló a auditorios nuevos la riqueza literaria de estas voces latinas bilingües.

La poesía de Elba Rosario y sus escritos en otros géneros literarios han aparecido en numerosas publicaciones, entre ellas: *Chicana Feminisms: A Critical Reader* y *Chicana Feminisms: Disruptions in Dialogue*, ambas obras publicadas por Duke University Press en North Carolina; *Forum*, la revista del Academic Senate for California Community Colleges; *Chicana Writes: On Word and Film* (Third Woman Press); *Lenguas Sueltas: Poemas* (Moving Parts Press); *From Silence to Howl* (Third Woman Press); *Chicana Critical Issues* (Third Woman Press); y *New Chicana/Chicano Writing* (University of Arizona Press). Elba Rosario es también la autora de *Tallos de Luna / Moon Shoots* (Moving Parts Press).

En su cargo actual como Directora del University Community Partnership Program en la Universidad de San Francisco, Elba Rosario Sánchez continúa fomentando la educación, las actividades culturales y la palabra escrita. Su labor afecta no solamente a las comunidades latinas sino a la sociedad en general. Su obra profesional y su poesía están imbuidas de un deseo irreprimible de expandir los conocimientos y la sensibilidad. El alma poética de Elba Rosario Sánchez proyecta imágenes de la experiencia humana desde una perspectiva latina y universal, imágenes que deleitan y al mismo tiempo reflejan su vocación de educadora.

p. 9

Teresa Sánchez-Gordon

Jurist/Jurisconsulta

"My position as a judge carries great responsibility and power. I know my decisions affect the lives of litigants in ways that extend beyond the courtroom. A judge must follow the law, but also never lose sight of their own common sense and life experiences. I am a judge of Mexican heritage, who lives in Los Angeles, California, and presides in one of the world's largest courts, which happens to encompass a significant Mexican population. I am infinitely aware of the legal dilemmas this community confronts. Part of my work in the Superior Court is to provide access and fairness to all community segments who historically have been deprived of justice."

The Honorable Teresa Sánchez-Gordon serves as a judge in the Superior Court of California in Los Angeles County. She began her professional career as a bilingual school teacher. When she learned of the People's

College of Law, located in her East Los Angeles neighborhood, and discovered that the school's philosophy coincided with her own beliefs, she began to study law, and became a people's lawyer focusing on social justice. She credits her social conscience to her upbringing in East Los Angeles, and her political development to law school. Judge Sánchez-Gordon's long, distinguished career includes service on the boards of directors of the California Judges Association, the Los Angeles Center for Law and Justice, the Legal Aid Foundation of Los Angeles, the Los Angeles Federation of Labor, and the Office of the Federal Public Defender in the Central District. She holds memberships in several judicial organizations, including the National Association of Women Judges and the California Latino Judges Association. She is a founder of the Latina Lawyers Bar Association and serves as a board member of the Mexican American Bar Foundation. As a faculty member of the B.E. Witkins Judicial College in Berkeley, California, and of the Center for Judicial Education and Research, she has taught the Qualifying Ethics program for state judges throughout California. Judge Sánchez-Gordon has led an outreach campaign to encourage underrepresented ethnic groups to apply for Civil Grand Juries in Los Angeles County. She somehow finds time to host school children's visits to the courthouse.

To a constituency of judges and government officials from the United States, Judge Teresa Sánchez-Gordon is known as an "ambassador" for her Mexican culture. She coordinates educational visits to Mexico, and highlights the interests and history shared by the United States and Mexico. As a bicultural American judge who was born in Mexico and raised in the United States, she has been able to bring about high-level communications between the two countries. For her commitment to the well-being of community members and to the advancement of justice in law, Judge Teresa Sánchez-Gordon has received recognition from the following members of the United States Congress: Senator Dianne Feinstein, and Representatives Lucille Roybal-Allard, Esteban E. Torres, Hilda L. Solís, and Howard L. Berman. California State Senator Richard Alarcón, and California State Assembly Members Tony Cárdenas, Marco Antonio Firebaugh, and Jackie Goldberg have also recognized her work on various occasions. Judge Sánchez-Gordon received the Woman of the Year Award from the Los Angeles County Commission on Women, and the Hispanic Woman of the Year Award from the Mexican American Opportunity Foundation, and the Outstanding Alumna Achievement Award from People's College of Law. She has received the Distinguished Judges Award from the Municipal Presiding Judges Association. From the Pasadena City College Latino Association, Judge Sánchez-Gordon received the La Raza Scholarship Award. The East Los Angeles Youth Leadership Council gave her a long, standing ovation as they awarded her the Outstanding Role Model Award.

"Mi cargo como jueza conlleva gran responsabilidad y poder. Soy consciente de que mis decisiones afectan las vidas de los litigantes en formas que trascienden las salas del tribunal. Los jueces deben seguir la ley, pero no deben perder nunca de vista su propio sentido común ni las experiencias de sus propias vidas. Yo soy una jueza de ascendencia mexicana que reside en Los Ángeles, California, y preside en una de las cortes más grandes del mundo, que casualmente incluye una población mexicana considerable. Soy infinitamente consciente de los dilemas legales a que esta comunidad hace frente. Parte de mi trabajo en la Corte Superior consiste en ofrecer acceso y justicia a todos los segmentos de la comunidad a quienes históricamente se les ha negado justicia".

La Honorable Teresa Sánchez-Gordon sirve como jueza en la Corte Superior de California, en el Condado de Los Ángeles. Su carrera profesional la inició como maestra bilingüe. Cuando se enteró de la existencia del People's College of Law, ubicado en el barrio del Este de Los Ángeles donde ella vivía, y descubrió que la filosofía de esta institución educativa coincidía con sus convicciones personales, comenzó a estudiar leyes y se convirtió en una abogada del pueblo, concentrando su atención en casos de justicia social. Ella atribuye su conciencia social a su crianza en el Este de Los Ángeles y su desarrollo político a su formación legal. Su distinguida carrera profesional incluye los servicios que ella ha prestado en las juntas directivas de la California Judges Association, del Los Angeles Center for Law and Justice, de la Legal Aid Foundation of Los Angeles y de la Los Angeles Federation of Labor. Ha trabajado también en la Oficina Federal del Defensor Público en el Distrito Central. Es miembro de varias organizaciones judiciales, entre ellas la National Association of Women Judges y la California Latino Judges Association. Es una de las fundadoras de la Latina Lawyers Bar Association y es miembro de la Junta Directiva de la Mexican American Bar Foundation. Como parte del personal docente del B.E. Witkins Judicial College en Berkeley, California, y del Center for Judicial Education and Research, tuvo a su cargo el programa Qualifying Ethics para los jueces estatales en California. Teresa Sánchez-Gordon dirigió una campaña para fomentar la participación de los grupos étnicos sub-representados en los Jurados de Acusación para casos civiles en el Condado de Los Ángeles. No obstante la intensidad de su horario de trabajo, le complace servir de anfitriona a los escolares que visitan la corte.

Entre los jueces y oficiales del gobierno de los Estados Unidos, la Honorable Teresa Sánchez-Gordon goza de una reputación como "embajadora" de su cultura mexicana. Ella coordina giras educativas a México, y hace resaltar los intereses y la historia que comparten los Estados Unidos y México. Su formación bicultural como persona nacida en México y criada en los Estados Unidos le ha permitido originar comunicaciones de alto nivel entre ambos países. Por su dedicación al bienestar de la comunidad y al avance de la justicia por medio de la ley, Teresa Sánchez-Gordon ha recibido distinciones de los siguientes miembros del Congreso de los Estados Unidos: La Senadora Dianne Feinstein y los Representantes Lucille Roybal-Allard, Esteban E. Torres, Hilda L. Solís y Howard L. Berman. Richard Alarcón, Senador del Congreso de California, y los legisladores estatales Tony Cárdenas, Marco Antonio Firebaugh y Jackie Goldberg han reconocido también su labor en distintas ocasiones. La Los Angeles County Commission on Women la nombró *Woman of the Year* y la Fundación Mexicano Americana de Oportunidades (MAOF) la nombró *Hispanic Woman of the Year.* Su alma mater, People's College of Law, le confirió el *Outstanding Alumna Achievement Award.* La asociación de Municipal Presiding Judges le extendió su *Distinguished Judges Award.* Y la Pasadena City College Latino Association le concedió el *La Raza Scholarship Award.* Ante una ovación espontánea y prolongada, Teresa Sánchez-Gordon recibió el *Outstanding Role Model Award* del East Los Angeles Youth Leadership Council.

p. 12

Renée María Saucedo

Civil Rights Attorney/Abogada Especialista en Derechos Civiles

Renée María Saucedo is a graduate of one of the most prestigious law schools in the United States—Boalt Hall, at the University of California, Berkeley. Upon her admission to the State Bar, putting aside many lucrative employment offers, the young civil rights attorney embarked on a mission to support the empowerment of day laborers and other neglected segments of our society. With commitment, she has developed grass-roots campaigns in the San Francisco Bay Area to defend the civil rights of day laborers, work for immigrant rights, and advance the cause of juvenile justice.

As the Director of the La Raza Centro Legal (LRCL) located in the heart of the Mission District in San Francisco, Renée María Saucedo has succeeded in obtaining a center for immigrant workers in San Francisco. She organized the San Francisco Day Laborer Association and assisted day laborers of the neighboring city of Oakland in their campaign against a local ordinance forbidding them to stand on the sidewalk in the hope of obtaining work. As the workers' rights attorney for LRCL, she has represented immigrant workers in civil litigation and in administrative proceedings. She has organized and directed fund-raising programs to provide community education about issues such as citizenship, employment, housing, and immigration. As a member of the Board of Directors of the National Network for Immigrant and Refugee Rights, she played a prominent role in the campaign to defeat Proposition 187, an anti-immigrant measure on the California election ballot. She helped organize, and participated in, a week-long hunger strike and protest to draw attention to needed reforms in welfare and immigration laws. Through the Racial Justice Coalition, she organizes Latino and African American communities to call for police accountability, and she is responsible for avoiding hundred of evictions in the Mission district in San Francisco through the Mission Anti-Displacement Coalition. As she declares, "Community rights are a basic necessity."

Renée María Saucedo is highly respected by organizations that support civil rights and social justice, and by the many individuals in the Mission District whose lives she has affected. She has imparted to all her strong belief that social change is brought about by the people themselves:

"There is nothing more powerful than poor, undocumented Latino immigrants speaking for themselves, organizing themselves, and deciding how to fight for social justice."

In recognition of her work, Renée María Saucedo has received the Community Service Award from the Mexican American Legal Defense and Education Fund (MALDEF), the Community Service Award from the National Association of Chicana and Chicano Studies, the Women Who Make a Difference Award from the San Francisco Commission on the Status of Women, the Next Generation Leadership fellowship from the Rockefeller Foundation, and the Latino Caucus Community Service Award from Local 790 of the Service Employees' International Union. Renée María Saucedo has been able to share her beliefs and values as an invited speaker at the Forum sponsored by the Institute of Politics of the John F. Kennedy School of Government at Harvard University, as well as with other prestigious institutions.

"It is my privilege to help facilitate community empowerment."

Renée María Saucedo se graduó de Boalt Hall, Universidad de California, Berkeley, una de las más prestigiosas facultades de leyes de los Estados Unidos. Cuando fue admitida al Colegio de Abogados, la nueva abogada especializada en derechos civiles rechazó muchas ofertas de trabajo lucrativo para emprender su misión de apoyar y defender a los jornaleros y otros sectores abandonados de nuestra sociedad. Con determinación, ella ha desarrollado campañas populares en el Área de la Bahía para defender los derechos civiles de estas personas, trabajar por los derechos de los inmigrantes y hacer progresar la causa de la justicia en los tribunales de menores.

Como Directora del Centro Legal de La Raza (LRCL) ubicado en el corazón del distrito latino de la Misión en San Francisco, Renée María Saucedo ha logrado también crear un centro para trabajadores inmigrantes en esta ciudad. Organizó la Asociación de Jornaleros de San Francisco y ayudó a los jornaleros en la ciudad vecina de Oakland en su lucha contra una ordenanza municipal que les prohibía situarse en las aceras de la ciudad en espera de obtener trabajo. Como abogada defensora de los derechos de los trabajadores en el Centro Legal de La Raza, ella ha representado a trabajadores inmigrantes en litigios civiles y en procesos judiciales administrativos. Ha organizado y dirigido además campañas de recaudación de fondos para ofrecer programas educativos en la comunidad sobre ciudadanía, empleos, viviendas e inmigración. Como miembro de la Junta Directiva de la National Network for Immigrant and Refugee Rights, ella hizo un papel destacado en la campaña para derrotar la Proposición 187, una medida contra los inmigrantes en las elecciones generales de California. Contribuyó a organizar una huelga de hambre que duró una semana, y participó en ella, para dar publicidad de las necesidades de reforma en las leyes de bienestar social y de inmigración. A través de la Racial Justice Coalition, organizó a las comunidades latinas y afroamericanas para exigir imputabilidad para la conducta de la policía. Con su actuación en la Mission Anti-Displacement Coalition, logró derrotar desalojos forzados de cientos de residentes en el distrito de la Misión. Renée María ha dicho: "Los derechos de la comunidad son una necesidad básica".

Renée María Saucedo es una profesional muy respetada y apreciada por las organizaciones que apoyan los derechos civiles y la justicia social. Su labor le ha ganado también el aprecio de muchos residentes de la Misión, quienes se han beneficiado por su actuación. Ella comparte con todos su principio fundamental de que el cambio social ocurre debido a la iniciativa propia del pueblo:

"No hay nada más poderoso que los inmigrantes latinos pobres e indocumentados cuando hablan en defensa propia, se organizan y deciden cómo luchar por la justicia social".

En reconocimiento a su labor como abogada, Renée María Saucedo ha recibido el premio por Servicio a la Comunidad del Fondo Mexicano Americano para la Defensa Legal y la Educación (MALDEF) y un premio similar de la National Association of Chicana and Chicano Studies. La Commission on the Status of Women de San Francisco le otorgó el premio *Women Who Make a Difference* y la Rockefeller Foundation le adjudicó la *Next Generation Leadership Fellowship*. El Capítulo 790 del Service Employees' International Union le confirió su distinción titulada *Latino Caucus Community Service Award*. Como conferenciante invitada al Foro patrocinado por el Instituto de Política de la John F. Kennedy School of Government en la Universidad de Harvard, Renée María Saucedo ha podido compartir, como en otras prestigiosas instituciones, sus creencias y valores sociales.

"Para mi es un privilegio ayudar a facilitar la realización del potencial comunitario".

p. 13

Claudia Smith

Immigration Attorney/Abogada Especialista en Inmigración

As legal counsel for the California Rural Legal Assistance Foundation in Oceanside, California, for over twenty five years, Claudia Smith is doing what she has accepted as her *deber* (her duty): to speak up for immigrants' rights. Her work requires the tenacity that is founded on her conviction that it is critical. She applies her legal expertise to advocate humane treatment of migrants in the agricultural fields of California and along the border between Mexico and the United States.

Claudia was born in Guatemala. In the United States, she became a student of international politics. Concurrent with the increase in her scholastic knowledge was the increase in her indignation as she discovered the breadth and depth of the unethical treatment of workers. The movement to defend agricultural workers' rights, begun in the 1970's, motivated her to further involvement in this just cause. Claudia looked to the law to fortify her efforts. Law degree in hand, and having an academic background in international politics, she was equipped to act with confidence in the courts on behalf of Latino workers. She has filed many lawsuits to prosecute illegal acts committed against migrants crossing into the United States from Mexico. She has taken her cases to the highest arenas of the law, including the World Organization of Human Rights in Geneva, Switzerland.

While the need exists, it is evident that Claudia will continue fulfilling her mission through application of the law. Central to her values is her deep concern over the yearly deaths of hundreds of people trying to cross the border into the United States in search of work. She continually takes action to combat the injustice that leaves more than half of the world's inhabitants hungry. She strives to end the deaths of young men and women cut down in their effort to earn the money necessary to help their families survive.

Many accolades have been bestowed on Claudia Smith for her commitment to social justice and for her belief in effecting positive change. She is recognized along the border between the United States and Mexico, not only by the civil authorities, but also by the "man on the street," for her defense of human rights. Often, when she is seen in Latino immigrant communities, she hears shouts of greeting and words of encouragement: *¡Sigue luchando!* (Keep up the fight!) and *¡Gracias, Maestra!* (an especially respectful version of "thank you" that recognizes her position as an attorney). She is often seen monitoring the U.S. Border Patrol, ensuring that proper care is given to those they arrest. She works long, hard hours, because she believes in the possibility that human concern and compassion will ultimately prevail, and because it is her *deber.*

Como asesora legal de la California Rural Legal Assistance Foundation en Oceanside, California, durante más de veinticinco años, Claudia Smith ha estado haciendo lo que ella ha aceptado como su deber: hablar en defensa de los derechos de los inmigrantes. Su labor exige la tenacidad que le proporciona su convicción de que es de importancia crítica que lo haga. Ella aplica su especialización legal a la lucha por obtener un trato humanitario para los trabajadores itinerantes en los campos agrícolas de California y a lo largo de la frontera entre los Estados Unidos y México.

Claudia nació en Guatemala. En los Estados Unidos, inició estudios de política internacional. A medida que sus conocimientos académicos aumentaban, su indignación también crecía al descubrir la extensión y profundidad del trato inmoral que recibían los trabajadores. El movimiento para defender los derechos de los trabajadores del campo iniciado en los años 70 intensificó su motivación para participar en esta causa justa. Claudia fortificó sus esfuerzos con su conocimiento de la ley. Habiendo obtenido su título de abogada, y contando con su formación en política internacional, Claudia pudo ingresar con ánimo a la lucha en pro de los trabajadores latinos en el ámbito legal. Ella ha iniciado numerosos litigios en casos de actos ilegales cometidos contra los inmigrantes que cruzaban la frontera de México y los Estados Unidos. Ella ha llevado estos casos hasta los más altos foros de justicia internacional, inclusive la Organización Mundial para los Derechos Humanos, en Ginebra, Suiza.

Mientras la necesidad exista, queda claro que Claudia continuará cumpliendo su misión mediante la aplicación de la ley. Ella siente una profunda preocupación por la muerte de cientos de personas que fallecen tratando de cruzar la frontera entre México y los Estados Unidos en busca de trabajo. Ella actúa continuamente para combatir la injusticia que mantiene con hambre a más de la mitad de los habitantes del planeta. Se esfuerza por poner término a las muertes de hombres y mujeres jóvenes que perecen en sus esfuerzos por ganar dinero para ayudar a sus familias a sobrevivir.

Claudia Smith ha recibido galardones numerosos por su dedicación a la justicia social y su actuación en favor de esta causa. En la región fronteriza, su defensa de los derechos humanos le ha granjeado el reconocimiento no sólo de las autoridades civiles, sino también de personas comunes y corrientes. Con frecuencia, cuando su presencia se descubre en comunidades de inmigrantes latinos, se escuchan saludos y gritos de aliento como: *¡Sigue luchando!* y *¡Gracias, Maestra!* (una expresión de gratitud especialmente respetuosa que reconoce su posición de abogada). Con frecuencia, se observa a Claudia monitoreando la actuación de las patrullas fronterizas, para asegurar que las personas arrestadas reciban un trato correcto. Sus horas de trabajo son largas y difíciles, pero ella las sobrelleva porque cree que eventualmente la compasión humana prevalecerá y porque es su deber.

p. 28

Hilda Solís

United States Congresswoman/Miembro del Congreso de los Estados Unidos

The Honorable Hilda Solís is known for improving people's lives, and for rallying others to join her in the struggle for a democracy that upholds social justice. This "community warrior" represents California's 32nd District in the United States Congress.

Hilda Solís's journey from her birthplace in Puente Hills, California, to the United States Congress seems inevitable if one believes in the triumph of good. Her commitment to addressing societal wrongs has always been the keystone of her political work. Confident that her battles are honorable, she is known for taking risks in the course of her endeavors. "If anyone can get anything done, it's Hilda, because she's that kind of a champion," stated a member of the California League of Conservation Voters.

Early parental guidance was an important factor in the development of Hilda Solís's societal and humanitarian values. Her mother, who was an assembly-line worker while she was raising Hilda and six other children, immigrated to the United States from Nicaragua as a young woman. Hilda's father, originally from Mexico, was a Teamsters Union shop steward who met her mother in Los Angeles County while attending U.S. citizenship classes. To their children, they quoted Spanish translations of the writings of Greek philosophers on the responsibility of the individual to make the world a better place and to view risk-taking in a positive light, as a necessity.

Another important influence on young Hilda Solís was a teacher who recognized the young woman's determination and pride. On the advice of this teacher, Hilda applied for, and won, a scholarship to California State Polytechnic University, Pomona (Cal Poly). Mindful of the encouragement she had received to pursue her education, she felt an obligation to do the best she could as a student and to exert a positive influence on other scholarship applicants. "I realized I was able to go to college as a result of previously fought causes." After earning her Bachelor of Arts at Cal Poly and her Master of Arts at the University of Southern California, she demonstrated her focus on education by running for office and being elected trustee for a community college board. Hilda Solís was the first Latina to win a seat in the California State Senate. In this office, she authored landmark legislation in the areas of domestic violence, labor, environmental protection, health, crime, welfare reform, and education.

Congresswoman Solís is an outspoken advocate for women's rights. She has also worked tenaciously for an increase in the minimum wage in California. Her strength of character and her determination to advance important causes have earned for her an enviable reputation in the political arena. In recognition of her outstanding work and accomplishments, she was the first woman to receive the Profile in Courage Award from the John F. Kennedy Library Foundation. Although she is justifiably proud of her achievements, she is the first to recognize that much remains to be done. She is a woman on a mission. With her Latina roots and her social vision in place, she has just begun.

A la Honorable Hilda Solís se la conoce porque mejora la vida de la gente y porque anima a otros a hacer causa común con ella para luchar por una democracia que respete la justicia social. Esta "combatiente comunitaria" es la representante en el Congreso de los Estados Unidos del Distrito Electoral 32 de California.

La trayectoria de Hilda Solís desde el pueblo que la vio nacer en Puente Hills, California, hasta el Congreso de los Estados Unidos parece ser inevitable cuando uno cree en el triunfo de la bondad. La piedra angular de su labor política ha sido siempre su dedicación a la rectificación de injusticias sociales. Confiada en la honorabilidad de su lucha, ella no vacila en aceptar riesgos. "Si hay alguien que pueda lograr algo, es Hilda, porque ella tiene fibra de campeona", comentó uno de los miembros de la California League of Conservation Voters.

La orientación recibida de sus padres desde muy temprano en su vida fue un factor importante en el desarrollo de la sensibilidad humanitaria de Hilda Solís. Su madre, quien trabajaba en una línea de producción industrial mientras criaba a Hilda y a sus seis hermanos, inmigró a los Estados Unidos desde Nicaragua cuando era todavía joven. Su padre, oriundo de México, era representante local en el Sindicato de Camioneros de los Estados Unidos. Conoció a la madre de Hilda mientras asistían a clases para adquirir la ciudadanía en este país. En el hogar, sus padres citaban para sus hijos, en traducciones al español, los escritos de filósofos griegos sobre la responsabilidad individual de trabajar por un mundo mejor y de considerar la toma de riesgos como algo positivo, como una necesidad.

Otra influencia importante durante la juventud de Hilda Solís provino de una de sus maestras, quien observó en la joven un orgullo y una determinación especial. Aconsejada por esa maestra, Hilda solicitó y obtuvo una beca para cursar estudios en California State Polytechnic University, Pomona (Cal Poly). Consciente del apoyo que ella había recibido para seguir sus estudios universitarios, Hilda sintió la obligación de descollar en sus estudios y de ejercer con su ejemplo una influencia positiva en otros estudiantes becados como ella. "Me di cuenta de que yo pude ir a la universidad como resultado de luchas libradas en el pasado". Después de obtener su Licenciatura en Artes en Cal Poly y su Maestría en Artes de la University of Southern California, ella demostró su interés en asuntos educativos lanzando su candidatura con éxito para el cargo de miembro de la Junta de Síndicos de un colegio comunitario de educación superior. Hilda Solís fue la primera latina en obtener un escaño como miembro electo del Senado de California. Como Senadora, fue la autora de leyes históricas en las áreas de violencia doméstica, legislación laboral, protección ambiental, servicios para la salud, prevención del crimen, reformas de programas de bienestar social y educación.

La Honorable Hilda Solís es una defensora prominente de los derechos de la mujer. También ha luchado con resolución en favor del aumento del salario mínimo en California. La fuerza de su personalidad y su dedicación al avance de causas importantes le han conquistado una envidiable reputación en la arena política. La excelencia de su trabajo y sus numeros logros fueron reconocidos cuando ella fue la primera mujer en recibir el prestigioso *Profile in Courage Award* de la John F. Kennedy Library Foundation. Aunque siente una satisfacción justificada por sus éxitos, es la primera en reconocer que le queda mucho por hacer. Hilda Solís es una mujer dedicada a cumplir una misión. Con sus raíces latinas y su visión social bien definidas, apenas ha comenzado a cumplirla.

p. 34

Gloria Sotelo

Physician/Médica

When Gloria Sotelo, M.D., embarked on a medical career in her native Mexico, it was with the aspiration to attend to her patients' primary requirements for development and well-being. Her life's work reflects her belief that physical and mental health must be in a harmonious relationship with one's social, economic, and political environment.

Gloria Sotelo was born and raised in the border town of Tijuana, Mexico. Her father was a construction worker and her mother a homemaker. As the eldest child in her family, Gloria was able to assume a role of helper and home organizer very naturally. When she was a child, the idea that she could pursue a medical education and career was remote. However, when she reached adolescence, she was impressed by the compassionate and diligent medical care extended by the family physician to every member of her family. The family held him in high esteem, and Gloria was inspired to become a physician herself. In Tijuana, upon graduating from high school with excellent grades, she applied for, and won, a university scholarship from the Mexican government. In 1980, Gloria received her degree, with a specialty in surgery, from the Universidad Nacional Autónoma de

Mexico (UNAM) in Mexico City. To fulfill a requirement of the scholarship, she practiced medicine for two years as a volunteer in Ahualulco, San Luis Potosi, Mexico.

On her return to Tijuana, Dr. Sotelo embarked on her long-held dream to devote her time and energy to improving the lives of community members. She became the first physician to work for the *industria maquiladora* (assembly industry) program along the Mexico-U.S. border, overseeing the implementation of new health standards and providing general medical care to factory workers. She also worked in Mexico City as a physician for the Mexican Institute of Social Security (IMSS) and for the Office of the Secretary of Health (ISESALUD). When she moved to the United States in 1986, Dr. Sotelo aligned herself professionally with non-profit organizations focused on health projects, beginning with a tobacco cessation program. She has administered and coordinated many health programs in the United States, including the San Diego County division of the Women's Health Initiative, a long-term national research project and clinical trial with 2,200 Latina participants in San Diego County; the Latino Immunization Media Campaign of the California Public Health Department, the Cross-Border Healthcare Education and Leadership Network; the California-Mexico Health Initiative in San Diego; the Border CAPT Program; and the Border Infectious Disease Surveillance Project in the city of San Diego and Imperial County.

Dr. Gloria Sotelo's participation in a range of health programs reflects her belief that in order to enhance the quality of life for communities in need, we must see the entire panorama of life in those communities and set goals to address the issues they confront.

Cuando la Dra. Gloria Sotelo inició su carrera médica en México, su país nativo, lo hizo con la aspiración de atender las necesidades básicas del desarrollo y el bienestar de sus pacientes. A lo largo de su vida, su trabajo profesional ha reflejado su convicción de que la salud física y mental debe mantenerse en una relación armoniosa con el entorno social, económico y político de la persona.

Gloria nació y se crió en la ciudad fronteriza de Tijuana, México. Su padre trabajaba en la industria de la construcción y su madre era ama de casa. Como hija mayor en su familia, Gloria asumió el papel de ayudante y organizadora en su hogar con gran naturalidad. Durante su niñez, la idea de que ella pudiera obtener una educación y seguir una carrera en el campo de la medicina era remoto. Al llegar a la adolescencia, sin embargo, ella observaba la atención médica compasiva y diligente extendida a todos los miembros de su hogar por el médico de la familia. Esto le causaba una profunda impresión. La familia entera mantenía en gran estima a este médico, quien inspiró en Gloria el deseo de seguir una carrera en medicina. Después de graduarse de la escuela secundaria en Tijuana con excelentes calificaciones, Gloria solicitó y obtuvo del gobierno de México una beca para proseguir estudios universitarios. En 1980, Gloria recibió su Doctorado en Medicina con especialización como médica cirujana de la Universidad Nacional Autónoma de México. En cumplimiento de una de las obligaciones que la beca implicaba, Gloria trabajó dos años como médica voluntaria en Ahualulco, San Luis Potosí, México.

Al regresar a su pueblo natal de Tijuana, la Dra. Sotelo inició la realización de su sueño de dedicar su tiempo y energía a mejorar la vida de los miembros de su comunidad. Ella fue la primera médica en trabajar para el programa de la industria maquiladora a lo largo de la frontera entre México y los Estados Unidos, supervisando la puesta en práctica de regulaciones nuevas relacionadas con la salud y ofreciendo atención médica general a los obreros de las fábricas maquiladoras. También trabajó en la ciudad de México como médica para el Instituto Mexicano del Seguro Social (IMSS) y para la Secretaría de Salud (ISESALUD). Cuando se trasladó a los Estados Unidos en 1986, la Dra. Sotelo se alineó profesionalmente con organizaciones sin fines de lucro dedicadas a proyectos de salud pública, comenzando con un programa para la cesación del tabaco. Ella ha administrado y coordinado numerosos programas de salud en los Estados Unidos, entre ellos, la división en el Condado de San Diego de la Women's Health Initiative, un programa nacional a largo plazo de investigación y ensayos clínicos con la participación de 2,200 latinas en el Condado de San Diego; la Latino Immunization Media Campaign del Departamento de Salud Pública de California; la Cross-Border Healthcare Education and Leadership Network; la California-Mexico Health Initiative en San Diego; el programa fronterizo CAPT; y la Border Infectious Disease Surveillance en la ciudad de San Diego y el Condado Imperial.

La participación de la Dra. Gloria Sotelo en una diversidad de programas para la salud reflejan su convicción de que para mejorar la calidad de vida de las comunidades necesitadas, es necesario considerar todo el panorama de la vida en esas comunidades y establecer metas para la resolución de los problemas que ellas enfrentan.

p. 54

Olga C. Talamante

Civil Rights Advocate/Defensora de Derechos Civiles

Olga Talamante is a native of Mexicali, Mexico. In the early 1960's, her family moved to the Santa Clara Valley of California to work in the fields. Applying the work ethic of her family to her own endeavors, Olga graduated from high school in Gilroy, California, and went on to receive her Bachelor of Arts in Latin American Studies from the University of California, Santa Cruz.

It is evident, when one looks at Olga's long professional career, that she is deeply involved with human rights and human development. Her affiliations with public service and public policy organizations, in conjunction with her personal involvement with social well-being, bear eloquent witness to her commitment.

For almost fifteen years, Olga Talamante served as Vice President of the Western Region of INROADS, Inc., an organization founded in Chicago, in 1970. Its mission is to "develop and place talented minority youth in business and industry and prepare them for corporate and community leadership."

Because of her leadership and her professional affiliations, Olga Talamante was chosen as one of the Heroes and Heroines of the Latino Community for KQED television's Hispanic Heritage Month. She is a recipient of the San Francisco Bay Girl Scout Council DAISY Award (Distinguished Achievement in Inspiring or Serving Youth), the Hispanic Magazine Achievement Award in the area of Diversity, and the Women Making History Award from the San Francisco Commission on the Status of Women. She also serves on the boards of many organizations dedicated to community advancement, including the National Center for Lesbian Rights, and is an active member of various Latino Lesbian Gay Bisexual Transgender organizations.

In addition to her work in public service and advocacy, Olga is well known for her political activism and community organizing. Her experience as a political prisoner in Argentina during the 1970's became a rallying point for the Chicano/Latino communities in California. Religious, labor, and lobbying groups organized collectively to demand her release. This public outcry and an official demand from the United States Congress were instrumental in obtaining her release after she had spent sixteen months in prison. She then worked in Washington, D.C., where she testified before Congress, giving a powerful description of prison conditions, torture, and human rights violations. Speaking from the heart, and as a spokesperson for all others who did not have the opportunity, Olga helped to convince Congress to withhold economic aid to Argentina's military government.

As the current Executive Director of the Chicana/Latina Foundation, Olga C. Talamante continues, with her special brand of social activism, to develop, among the Latino youth of today, the community and corporate leaders of tomorrow.

Olga Talamante nació en Mexicali, México. A principios de los años 60, su familia se trasladó al Valle de Santa Clara en California para trabajar en los campos agrícolas de esta región. Aplicando a sus propias tareas la dedicación al trabajo de sus padres, Olga se graduó de la escuela secundaria en Gilroy, California, y continuó sus estudios universitarios hasta obtener una Licenciatura en Estudios Latinoamericanos de la Universidad de California, Santa Cruz.

Es evidente, cuando examinamos la larga carrera profesional de Olga, que ella siente un interés profundo por los derechos humanos y por el desarrollo de las personas. Su filiación con organizaciones dedicadas a forjar políticas y servicios públicos, junto con su dedicación personal al bienestar social, son un testimonio elocuente de la firmeza de su vocación.

Durante casi quince años, Olga fue la Vicepresidenta de la Región Occidental de INROADS, Inc., una organización fundada en la ciudad de Chicago en 1970. Su misión: "el desarrollo y la colocación de jóvenes minoritarios talentosos en cargos industriales y de negocios, y su preparación para el liderazgo corporativo y comunitario".

Debido a su labor como líder y a sus filiaciones profesionales, Olga fue escogida entre los héroes y heroínas de la comunidad latina para el programa de KQED titulado Hispanic Heritage Month Program. El Consejo de las Niñas Exploradoras del Área de la Bahía de San Francisco le adjudicó su *DAISY Award (Distinguished Achievement in Inspiring or Serving Youth).* Por su labor en el área de la diversidad recibió el *Hispanic Magazine Achievement Award.* La Commission on the Status of Women de San Francisco la distinguió con su *Women Making History Award.* Olga participa en las Juntas Directivas de muchas organizaciones dedicadas al mejoramiento de las comunidades, inclusive el National Center for Lesbian Rights, y es miembro de diversas organizaciones latinas de personas lesbianas, gay, bisexuales y transexuales.

Además de su prestación de servicios al público y su defensa de los derechos minoritarios, Olga disfruta de una excelente reputación por su activismo político y su participación en tareas de organización comunitaria. Su experiencia como prisionera política en la Argentina en los años 70 se convirtió en una causa célebre en las comunidades chicanas y latinas de California. Grupos religiosos, laborales y de acción política se organizaron colectivamente para exigir su libertad. Las protestas públicas y la presión oficial del Congreso de los Estados Unidos hicieron un papel decisivo en lograr su liberación después de dieciséis meses de prisión. Olga se trasladó entonces a Washington, D.C., donde dio testimonio ante el Congreso, presentando una descripción impactante de las condiciones físicas en las cárceles, la tortura y las violaciones de los derechos humanos. Hablando con total sinceridad y como vocera de muchas víctimas de la persecución militar en la Argentina, Olga ayudó a convencer al Congreso de la necesidad de congelar la ayuda económica a la dictadura militar en ese país.

Como la actual Directora Ejecutiva de la Chicana/Latina Foundation, Olga C. Talamante continúa trabajando con su tipo especial de activismo social, para desarrollar, entre la juventud latina de hoy, los líderes corporativos y comunitarios de mañana.

p. 30

Eva Torres

Media Manager/Administradora de Medios de Comunicación

Eva Torres was three years old when her family immigrated to the United States from Mexico. Before long, she was working beside her parents in the fields and orchards of California's San Joaquin Valley. Throughout elementary and high school, Eva and her siblings worked in the fields. She recalls changing, in the fields, out of her school clothes and into work pants, then working until nightfall. Her parents had so little money that when their water was shut off because the bill had not been paid, the children in the family stayed home from school because they were unable to wash.

"I still get a lump in my throat when I see campesinos (farm workers) in the field because I know how hard it is for them. Yet, I know that my background of working in the fields with my family, made me into the person I am today. I'm strong and committed to working for socially marginalized populations."

It was during her student days at California State Fresno College that Eva was asked by the founder of Radio Bilingüe to lead the effort to establish a second radio station for farm workers in nearby Modesto. Eva headed for Modesto with a typewriter, a six-dollar telephone and a little piece of paper, the permit for a radio station that did not yet exist. After a year, she had succeeded in organizing the necessary community and financial support. The station went on the air in January, 1984, operated by 100 volunteers. At age 23, Eva Torres had become the nation's youngest public radio station manager. Farm workers all over the valley began tuning into the new radio station, which really belonged to them.

"It is a one-stop place for news and services that impacts the listener. The station provides competent programming in the language and culture of the targeted audiences. Radio Bilingüe is the only radio station in the United States that also transmits in Mixtec to the large population of Mixtec-speaking farm workers in the valley. At any one time there may be from one thousand to ten thousand listeners tuned in. They listen from their homes, cars, trucks, packing sheds and the hot fields while they harvest the fruits and vegetables. Radio Bilingüe became 'la voz que rompió el silencio *(the voice that broke the silence).'"*

As Associate Director of Radio Bilingüe in Fresno, Eva helped oversee the transformation of the station into a network of five stations serving listeners in the San Joaquin Valley, Salinas, and the Imperial Valley in California, with Spanish-language broadcasting on two satellites that served 60 affiliate stations in the United States, Mexico, and Puerto Rico.

Today, Eva Torres continues to use her organizational skills for the promotion of public media that will reach communities and exert a favorable impact on them. In her current position with another public radio station in Fresno, she continues, as a leader and pathfinder, to ensure the transmission of responsible informational programs that represent the interests and perspectives of people from all of the Americas.

Eva Torres tenía tres años de edad cuando su familia inmigró a los Estados Unidos desde México. En pocos años, trabajaba junto a sus padres en los huertos y campos agrícolas del Valle de San Joaquín de California. Durante su educación primaria y secundaria, Eva y sus hermanos trabajaron en los campos. Ella recuerda cambiarse la ropa escolar por ropa de trabajo en el campo mismo y trabajar hasta el anochecer. Sus padres vivían en tal penuria económica que cuando se cortaba el suministro de agua en su casa debido a cuentas sin pagar, los niños no podían ir a la escuela, porque carecían de agua para lavarse.

"Todavía se me aguan los ojos cuando veo a los campesinos en los campos, porque conozco las dificultades

que pasan. Sin embargo, yo sé que la experiencia de trabajar junto a mi familia en el campo me convirtió en la persona que soy ahora. Soy fuerte y me he comprometido a trabajar en favor de las poblaciones que viven al margen de la sociedad".

Durante sus años como estudiante en California State Fresno College, Eva fue invitada por el fundador de Radio Bilingüe a encabezar los esfuerzos por establecer una segunda estación de radio para los trabajadores agrícolas en la ciudad vecina de Modesto. Eva aceptó la invitación y se trasladó a Modesto con una máquina de escribir, un teléfono que le había costado seis dólares y una hojita de papel, el permiso para operar una estación de radio que todavía no existía. Después de un año, ella se había conquistado el apoyo de la comunidad y acumulado los medios económicos necesarios. La estación transmitió sus primeros programas en enero de 1984, operada por 100 voluntarios. A la edad de 23 años, Eva Torres se había convertido en la administradora más joven de una estación de radio en los Estados Unidos. Los trabajadores agrícolas de todo el valle comenzaron a sintonizar la nueva estación, que en realidad les pertenecía a ellos.

"Es un sitio donde los oyentes reciben noticias y servicios integrados. La emisora ofrecía una programación competente dentro del marco lingüístico y cultural de sus radioescuchas. Radio Bilingüe es la única emisora radial en los Estados Unidos que transmite en la lengua mixteca para los numerosos trabajadores agrícolas en el valle que hablan este idioma. Puede haber, en un momento dado, de mil a diez mil radioescuchas que la tienen sintonizada. Ellos escuchan su programación desde sus hogares, sus autos, sus camiones, desde los cobertizos para empacar o desde los campos de cultivo mientras cosechan frutas y legumbres. Radio Bilingüe se convirtió en 'la voz que rompió el silencio'".

En su calidad de Directora Asociada de Radio Bilingüe en Fresno, Eva ayudó a supervisar la transformación de la estación en una red de cinco emisoras para radioescuchas en el Valle de San Joaquín, Salinas y el Valle Imperial en California, con transmisiones en español de dos satélites por un total de 60 estaciones afiliadas en los Estados Unidos, México y Puerto Rico.

En la actualidad, Eva Torres aplica sus destrezas como organizadora para fomentar el uso de los medios de comunicación pública para servir a las comunidades y mejorar sus condiciones. En su cargo actual con otra emisora de radio pública en Fresno, ella continúa, como líder y pionera, asegurando la transmisión de programas informativos responsables que representen los intereses y puntos de vista de todos los pueblos de las Américas.

p. 52

Nellie Trujillo

Community Activist/Activista Comunitaria

It is better to die on your feet than to live on your knees!

—Emiliano Zapata

Nellie Trujillo was born and grew up in Pueblo, Colorado, hearing her father quote Emiliano Zapata, Mexico's revolutionary hero. Their father used these words to teach his six children that it is most honorable to work on behalf of social justice for yourself and others, than to live with your potential and dignity taken away. "You must always strive to go forward," he would tell them.

The sole supporter of her ten children and her disabled husband, Nellie lived her life in accordance with her father's guiding words. Her effort to raise children "with a social conscience and responsibility" was consonant with her work in organizations that focused on the development and wellness of her community in Oakland,

California. After she and other members of her community lodged a complaint about a derogatory portrayal of Mexicans on display in the Oakland Museum, the offending piece was removed, and she and her group became the founding members of the Latino Advisory Committee to the Oakland Museum in the early 1990's. Today, the museum regularly mounts exhibits and organizes activities that celebrate and honor the Latino community.

As a member of the Oakland California chapter of the Mexican American Political Association (MAPA), Nellie Trujillo has worked to advance education in her community. MAPA, founded in Fresno, California, in 1964, has a long history of combating social disadvantage in Latino communities, and of supporting progressive political candidates who are sensitive to Latino interests. *"¡Ya basta!"* ("Enough is enough!"), the motto of MAPA, resonates throughout Oakland because of her work and that of the other members of the organization. Nellie visits neighborhood schools and meets with school officials and teachers, all with the intent of providing support to schools that are trying innovative approaches to advance student learning and the completion of high-school studies. Every convention or conference held by the Oakland chapter of MAPA in support of local and state politicians finds Nellie Trujillo with her sleeves rolled up, helping put things together. She is also involved with other organizations that benefit low-income and ethnic minorities. As a member of Hispanic Association on Corporate Responsibility (HACR), Nellie Trujillo works to make sure that companies in the city of Oakland operate with corporate responsibility and a work force that properly represents the city's ethnic populations.

Nellie Trujillo is the first Vice President of the Human Relation Commission of Alameda County, which is appointed by the Oakland Board of Supervisors to identify and examine various aspects of community life, both positive and problematic, and present the findings to the Board for in-depth assessment and appropriate response. Her volunteer work with organizations that focus on community wellness is in harmony with her personal goal:

> *"To raise a good family that is educated, well developed, with the pride of their Mexican/Latino culture in the forefront and the extension of a helping, friendly hand to all."*

Nellie Trujillo nació y creció en Pueblo, Colorado, escuchando a su padre citar al héroe de la Revolución Mexicana, Emiliano Zapata. Él citaba las palabras de Zapata para enseñar a sus seis hijos que es más honorable trabajar por la justicia social en defensa propia y de otros que vivir privados de la dignidad y del potencial personal. "Ustedes deben siempre luchar por salir adelante", les decía.

El único sostén de sus diez hijos y de su esposo discapacitado, Nellie vivió su vida conforme a los consejos de su padre. Su esfuerzo por criar y educar a hijos "responsables y con una conciencia social" armonizaba con su trabajo en organizaciones que concentraban sus actividades en el desarrollo y el bienestar de su comunidad en Oakland, California. Después de que ella y otros miembros de su comunidad presentaran una queja acerca de una representación peyorativa de los mexicanos exhibida en el Museo de Oakland, el Museo retiró la pieza ofensiva, y Nellie y las personas que la apoyaban se convirtieron en miembros fundadores del Comité Asesor Latino del Museo de Oakland a principios de la década de 1990. En la actualidad, el Museo organiza exhibiciones en las que se celebra y se honra a la comunidad latina.

Como miembro del capítulo correspondiente a Oakland de la Asociación Política Mexicano Americana (MAPA), Nellie Trujillo ha laborado por el progreso de la educación en su comunidad. MAPA, fundada en Fresno, California, en 1964, cuenta con una larga tradición de combatir las desventajas sociales de las comunidades latinas y de apoyar a candidatos políticos progresistas receptivos hacia los intereses de estas comunidades. "¡Ya basta!", la consigna de MAPA, tiene resonancia en toda Oakland debido al trabajo de Nellie y de otros miembros de la organización. Nellie visita las escuelas de los barrios y se reúne con maestros y autoridades escolares con el fin de apoyar a las escuelas con iniciativas innovadoras para estimular el aprendizaje de los estudiantes y ayudarles a completar sus estudios de secundaria. En cada convención o conferencia celebrada en Oakland por el capítulo de MAPA, se encontrará a Nellie trabajando hombro a hombro con los organizadores. Ella participa también con otras organizaciones que se dedican a mejorar las condiciones de las minorías étnicas y de bajos ingresos. Como miembro de la Hispanic Association on Corporate Responsibility (HACR), Nellie se esfuerza por asegurar que las compañías que operan en la ciudad de Oakland lo hagan de manera socialmente responsable y que sus fuerzas laborales reflejen adecuadamente la diversidad étnica de la ciudad.

Nellie Trujillo es la Primera Vicepresidenta de la Human Relations Commission del Condado de Alameda. Esta comisión, nombrada por la Junta de Supervisores, identifica y examina diversos aspectos de la vida en la comunidad, tanto positivos como negativos, y presenta sus conclusiones ante la Junta para facilitar su evaluación a fondo y la toma de medidas apropiadas. El trabajo realizado por Nellie Trujillo como voluntaria en organizaciones orientadas a la acción social encaja perfectamente con sus objetivo personal:

"Criar una buena familia, educada, bien desarrollada, con el orgullo de su cultura mexicano/latina muy presente y capaz de extender una mano amistosa para ayudar a todos".

p. 38

Cristina R. Vásquez

Labor Union Leader/Líder Sindicalista

Cristina R. Vásquez is widely recognized within the labor movement as a leader, friend, spokesperson, and organizer. Since 1999, she has been the International Vice President of UNITE HERE, the amalgamation of the Textile Workers Union and the International Ladies' Garment Workers Union. She is also the Secretary-Treasurer of the Western States Regional Joint Board of UNITE HERE.

Cristina was seventeen years old when she and other family members immigrated to the United States from Ecuador. Shortly after her arrival, she and her sister joined a strike during a campaign to organize garment workers. Cristina Vásquez saw the legitimacy of the workers' demands for safe, decent working conditions, just wages, and an end to harassment by their employers. This first involvement with workers united against injustice set in motion Cristina's life-long advocacy for workers' rights. She has become a leader, a voice raised to combat the notorious abuses inflicted on garment and textile workers.

The San Francisco Bay Area and the Los Angeles area have the highest number of apparel manufacturing plants on the West Coast. These companies often hire workers for their plants from the immigrant populations living in the same areas. In the San Francisco Bay area, there are over 12,000 immigrant garment workers, most of them, according to a recent study, sewing-machine operators working for minimum wage and lacking access to health care. These workers are often subjected to bad working conditions and as a result suffer a disproportionate number of work-induced injuries. But few employees file for workers' compensation for fear of losing their jobs. Many of the workers are recent immigrants from Latin America and Asia, and their desperate situations often cause them to suffer in silence. This is what spurs Cristina and her union to take action, organizing workers, combating sweatshop conditions and demanding, with strong, clear voices, fair treatment. Through their activism, they have set an important example for the American labor movement.

Cristina Vásquez is determined to improve the working condition of factory workers. Her mission is deeply rooted in her values. She has merged her power as a union leader with her personal sense of justice. She has accomplished much on the behalf of workers, and has also helped publicize the need for further efforts.

"My job as a Union Leader is very rewarding. But, it is also sad to see the most exploited and hard-working people in the garment industry work without a union. That is why I will continue to work harder to organize these workers."

Cristina R. Vásquez disfruta de gran prestigio dentro del movimiento sindicalista como líder, amiga, vocera y organizadora. Desde 1999, ella ha sido la Vicepresidenta Internacional de UNITE HERE, una coalición de dos sindicatos: el Textile Workers Union y la International Ladies' Garment Workers Union. Es también la Secretaria-Tesorera de la Western States Regional Joint Board de UNITE HERE.

Cristina tenía diecisiete años de edad cuando ella y otros miembros de su familia inmigraron a los Estados Unidos desde el Ecuador. Poco después de su llegada, ella y su hermana se unieron a una huelga durante una campaña para organizar a las trabajadoras en la industria de la confección de ropa. Cristina comprendió la legitimidad de las demandas de las trabajadoras por obtener condiciones de trabajo decentes y seguras, salarios justos y la cesación del hostigamiento por parte de sus empleadores. Este contacto inicial con trabajadoras unidas en contra de la injusticia impulsó la decisión de Cristina de dedicar su vida a la defensa de los derechos de los trabajadores. Ella se ha convertido en líder, elevando su voz para combatir los abusos escandalosos cometidos contra las trabajadoras en las industrias textiles y de la confección.

El Área de la Bahía de San Francisco, y la ciudad de Los Ángeles y sus alrededores, cuentan con el mayor número de fábricas de confección de ropa en el occidente del país. Con frecuencia, estas compañías emplean trabajadoras de las poblaciones inmigrantes en sus áreas respectivas. En el Área de la Bahía, hay más de 12,000 inmigrantes que trabajan en la industria de la confección y, según un estudio reciente, la mayoría son operadoras de máquinas de coser que trabajan por el salario mínimo sin beneficios de atención para la salud. Ellas trabajan en condiciones muy malas y, como resultado, sufren un número muy elevado de accidentes y lesiones de trabajo. Pocas, sin embargo, presentan reclamos de compensación por accidentes de trabajo por miedo a perder sus empleos. Muchas han inmigrado recientemente de la América Latina y del Asia, y su situación desesperada las condena muchas veces a sufrir en silencio. Esto es lo que motiva a Cristina y a su sindicato a organizar a las trabajadoras y combatir las condiciones en los talleres explotadores, exigiendo con voces claras y vigorosas un trato justo. Con su activismo, han creado un ejemplo importante para el movimiento laboral en los Estados Unidos.

Cristina Vásquez ha resuelto mejorar las condiciones laborales de las trabajadoras industriales. Su misión tiene raíces profundas en los valores que ella profesa. Ha fusionado su poder como líder sindical con su sentido personal de la justicia. Con su tenacidad, ha logrado muchos triunfos en pro de las trabajadoras, y también ha ayudado a demostrar al público que queda mucho por hacer.

"Mi trabajo como líder sindical es muy gratificante. Pero también es muy triste ver que la gente más explotada y más diligente de la industria de la confección trabaje sin representación sindical. Es por eso que me esforzaré aun más por organizar a estas trabajadoras".

p. 40

Patricia Wells-Solórzano

Performing Artist/Especialista en Artes Interpretativas

Patricia Wells Solórzano has made music a vehicle by which to validate the history of farm workers and Mexican/Latino communities in California. Accompanying herself on her guitar, she sings their stories in a "dazzling voice with an inner strength that warms the hearts of her listeners." (El Tecolote)

Patricia began using the arts as an educational tool during the Farm Workers Boycott in the early 1970's. Her involvement with the boycott in the Los Angeles area left an indelible mark on her view of the world. Before she moved to Los Angeles, she had considered music principally as a reflection of the human soul exploring the universe of sentiment. As she embraced the struggles of the farm workers, her music moved to the larger platform of a people and their experiences.

Growing up in Brawley, California, a small border town near the border between the United States and Mexico, Patricia was exposed to the richness of Mexican instrumental music and the Mexican Folkloric Ballet at an early age. By the time she was in her teens, she was schooled in various instruments, singing, drama, and community performance. Later, she accompanied Agustín Lira as lead guitarist and singer, and together they formed the musical group, Alma.

> *"Using songs and narrative, the musical group Alma tells the Mexican-Americans' story focusing on their contributions and accomplishments. This program examines Mexican-American history to demonstrate how Chicanos were impacted by the turbulent times...it also reveals how they organized themselves to maintain their culture and heritage."*
>
> *—El Teatro de La Tierra, Fresno, California*

As lead guitarist and singer of Alma, Patricia has been on many memorable concert tours, and has performed at national and international musical festivals. Alma has made several recordings, and scored the music for the film, "The Fight in the Fields: César Chávez and the Farm Workers' Struggle."

When Patricia Wells Solórzano sings music that honors and delights her listeners, she sends an important message of support and reaffirmation of their experiences. Often, listeners hear chapters of Mexican-American history for the first time in her lyrics, while others enjoy re-awakened memories. The intent of the musical group is to educate and sensitize their audiences to universal human values. "Ask questions," she advises. "That is an important first step." For young Latinos, hearing her sing in Spanish enhances their appreciation of the experiences of their parents, grandparents, and more distant ancestors. Through her music, Patricia Wells Solórzano educates her listeners and fortifies the historical continuum of a culture and of a people.

Patricia Wells Solórzano ha utilizado la música como su vehículo para convalidar la historia de los trabajadores agrícolas y de las comunidades mexicano-latinas en California. Acompañándose a sí misma en la guitarra, ella entona sus historias con "una voz deslumbrante y con una fortaleza interna que conmueve el corazón de su auditorio". (*El Tecolote*)

Patricia comenzó a utilizar las artes como un instrumento educativo durante el Boicot de los Trabajadores Agrícolas en los primeros años de la década de 1970. Su participación en las actividades del boicot en el área de Los Ángeles dejó una marca indeleble en su visión del mundo. Antes de mudarse a Los Ángeles, ella había considerado la música principalmente como un reflejo del alma humana que explora el universo de los sentimientos. Al incorporarse a la lucha de los campesinos, ella trasladó su música a la plataforma más amplia de un pueblo y sus experiencias.

Patricia se crió en Brawley, California, un pequeño pueblo cerca de la frontera entre México y los Estados Unidos. Allí, desde una edad tierna, Patricia fue expuesta a la riqueza de la música instrumental mexicana y al Ballet Folclórico de México. Al llegar a la adolescencia, ya había aprendido a tocar diversos instrumentos, a cantar, a representar roles dramáticos y a actuar en espectáculos de la comunidad. Más tarde, acompañó a Agustín Lira, con quien trabajó como guitarrista principal y cantante, y los dos organizaron el grupo musical, Alma.

> *Utilizando canciones y narrativas, el grupo musical Alma cuenta la historia de los mexicanos-americanos, enfocando sus contribuciones y sus logros. Este programa examina la historia mexicanoamericana para demostrar cómo los chicanos fueron afectados por las épocas turbulentas...también revela cómo se organizaron para mantener su cultura y su herencia".*
>
> *—El Teatro de La Tierra, Fresno, California*

Como guitarrista principal y cantante de Alma, Patricia ha participado en numerosas giras memorables, y ha actuado en festivales musicales nacionales e internacionales. Su grupo ha grabado varios álbumes y creó el guión musical de la película titulada *The Fight in the Fields: César Chávez and the Farm Workers' Struggle.*

Cuando Patricia Wells Solórzano canta música que honra y llena de alegría a sus oyentes, ella envía un poderoso mensaje de apoyo y reafirmación de sus experiencias. Con frecuencia, sus oyentes escuchan por vez primera en la letra de sus canciones capítulos de la historia mexicanoamericana. Otros disfrutan los recuerdos de su pasado que ella evoca. El propósito de su grupo musical es educar a su auditorio y despertar una sensibilidad hacia valores humanos universales. "Plantea tus preguntas", aconseja Patricia. "Ése es un primer paso importante". Para los jóvenes latinos, escucharla cantar en español intensifica su aprecio de las experiencias de sus padres, abuelos y antepasados más lejanos. Con su música, Patricia Wells Solórzano educa a quienes la oyen y robustece la continuidad histórica de una cultura y de un pueblo.